JN430336

할 수 있다!

스마트폰
기초

이 책의 구성

01 스마트폰 시작하기

- 스마트폰 터치하기
- 스마트폰 버튼 누르기
- 볼륨 조절하기
- 화면 캡처하기

미·리·보·기

외출할 때마다 여러 번 확인하고 꼭 챙기는 물건이 있습니다. 바로 스마트폰입니다. 스마트폰은 이제 현대인에게 없으면 안 될 필수품이 되었습니다. 통화, 메시지, 정보 검색, 카메라 등 매우 많은 일을 단말기 하나로 소화할 수 있기 때문입니다. 이번 장에서는 스마트폰의 버튼과 화면을 터치하는 기본 조작 방법에 대해 알아보겠습니다.

6

학습 포인트
이번 장에서 학습할 핵심 내용을 소개합니다.

미리보기
학습 결과물을 미리 살펴봅니다.

예제 따라 하기
과정을 순서대로 따라해보며 쉽게 기능을
습득할 수 있습니다.

---

04 스마트폰 조작하기

▶ 전원(잠금) 버튼 다루기

01 화면이 꺼진 대기 상태에서 스마트폰의 [전원] 버튼을 누릅니다. 화면이 커지며 잠금화면이 나타납니다.

누르기

02 화면을 위·아래로 슬라이드하면 잠금화면이 열리면서 홈 화면이 나타납니다.

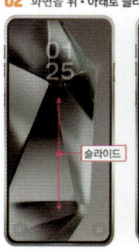 

슬라이드

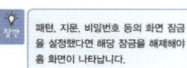 패턴, 지문, 비밀번호 등의 화면 잠금을 설정했다면 해당 잠금을 해제해야 홈 화면이 나타납니다.

12

잠깐 🌱

본문에서 다루지 못한 내용이나 알아두면 유용한 내용을 설명합니다.

참고

본 도서는 안드로이드 15 버전의 삼성 스마트폰을 기준으로 설명하고 있습니다. 이에 스마트폰의 운영체제와 버전에 따라 용어 및 실습 과정이 교재와 다를 수 있습니다.

🌱 응용력 키우기

응용 문제를 통해 본문에서 학습한 내용을 정리하고 복습합니다.

🌱 힌트

응용 문제를 푸는데 필요한 정보 또는 방법을 안내합니다.

이 책의 목차

01 스마트폰 시작하기

- 스마트폰 터치하기
- 스마트폰 버튼 누르기
- 볼륨 조절하기
- 화면 캡처하기

미/리/보/기

외출할 때마다 여러 번 확인하고 꼭 챙기는 물건이 있습니다. 바로 스마트폰입니다. 스마트폰은 이제 현대인에게 없으면 안 될 필수품이 되었습니다. 통화, 메시지, 정보 검색, 카메라 등 매우 많은 일을 단말기 하나로 소화할 수 있기 때문입니다. 이번 장에서는 스마트폰의 버튼과 화면을 터치하는 기본 조작 방법에 대해 알아보겠습니다.

▶ 스마트폰, 너란 존재는?

스마트폰은 단순히 얇고 작은 전화기가 아닙니다. 휴대용 PC로 불리며 컴퓨터에 버금가는 다양한 기능을 탑재하고 있습니다. 실제로 무선 인터넷에 접속해 앱을 설치한 후 실행하면 은행 방문 없이 금융 서비스를 이용할 수 있고 또한, OTT 플랫폼으로 종영한 드라마와 예능을 다시 볼 수 있으며 스마트폰에 내장된 카메라로 고화질의 사진 촬영도 가능합니다. 최근에는 여러 분야가 결합된 앱이 만들어져 업무부터 여가 생활까지 일상의 모든 활동을 스마트폰 하나로 해결할 수 있는 시대가 도래했습니다. 현대인에게 스마트폰은 이제 삶을 영위하는 데 없어서는 안 될 필수품입니다.

 스마트폰의 종류는 크게 두 가지로 나누어집니다. 구글의 안드로이드 운영체제를 탑재한 안드로이드 폰과 애플의 iOS 운영체제를 탑재한 아이폰입니다.

운영체제	개발사	특징	단말기
안드로이드	구글	구글이 개발한 모발일 운영체제로 아이폰을 제외한 여러 단말기 제조회사에서 자신들이 생산한 기기에 탑재하여 판매합니다.	삼성 갤럭시, 샤오미 MI 등
iOS	애플	애플이 개발한 모바일 운영체제로 아이폰 이외의 단말기에서는 사용할 수 없습니다.	iPhone 시리즈

스마트폰 인터페이스

스마트폰 조작은 크게 두 가지로 나뉩니다. 외부로 돌출되어 있는 물리적인 버튼을 눌러 조작하는 방법과 화면에 보이는 앱과 메뉴를 터치해 조작하는 방법입니다.

[전원(잠금)] 버튼	스마트폰의 잠금 상태(화면)를 켜거나 끌 때 사용합니다. 길게 누르면 전원을 끄거나 재부팅할 수 있습니다.
[음량] 버튼	스마트폰의 음량을 조절합니다. 누르는 위치에 따라 [음량(상)] 버튼과 [음량(하)] 버튼으로 나누어지며 [음량(상)] 버튼을 누르면 음량이 커지고 [음량(하)] 버튼을 누르면 음량이 작아집니다.
[빅스비] 버튼	삼성 갤럭시 모델에서 제공하는 음성 인식 인공지능 버튼입니다. 기종에 따라 버튼이 없기도 합니다.
[홈] 버튼	짧게 터치하면 홈 화면으로 돌아가는 버튼입니다. 길게 터치하면 '구글 어시스턴스(음성 인식)'를 실행합니다. 기종에 따라 물리적인 버튼과 화면 터치식으로 구분합니다.
[최근 실행 앱] 버튼	최근 실행했던 앱의 목록들이 나타납니다. 기종에 따라 물리적인 버튼과 화면 터치식으로 구분합니다.
[뒤로 가기(취소)] 버튼	실행 취소 또는 한 단계 이전으로 돌아갑니다. 기종에 따라 물리적인 버튼과 화면 터치식으로 구분합니다.
홈 화면	컴퓨터의 바탕화면처럼 앱과 위젯 등을 배치할 수 있습니다.
앱스 화면	설치된 앱을 모아서 볼 수 있는 화면입니다.
상태 표시줄	현재 시간, 배터리 상태 및 각종 알림을 보여줍니다.

03 터치 동작 익히기

컴퓨터는 마우스와 키보드를 사용해 조작하지만 스마트폰은 별도의 보조기구를 사용하지 않고 오직 손가락만으로 조작하며 터치 방법에 따라 기능이 분류됩니다.

■ **터치**
- **동작** : 손가락 끝으로 화면이나 아이콘을 가볍게 두드립니다.
- **기능** : 앱을 실행하거나 메뉴를 선택할 수 있고 문자를 입력할 수 있습니다.

■ **두 번 터치**
- **동작** : 손가락 끝으로 화면이나 아이콘을 빠르게 두 번 두드립니다.
- **기능** : 웹 페이지 및 사진을 확대하거나 텍스트를 블록 설정할 수 있습니다.

■ 길게 터치

• **동작** : 손가락 끝으로 화면이나 아이콘을 2초 이상 길게 꾹 누릅니다.

• **기능** : 앱이나 화면에서 실행 가능한 기능의 목록을 볼 수 있습니다.

■ 드래그

• **동작** : 손가락 끝으로 아이콘이나 특정 항목을 길게 눌러 원하는 위치로 끌어다 놓습니다.

• **기능** : 앱이나 폴더의 위치를 이동합니다.

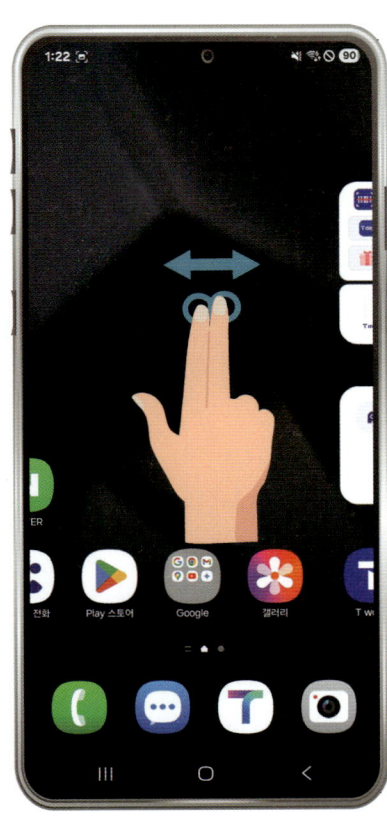

■ 슬라이드
• **동작** : 손가락 끝으로 화면을 좌 · 우 또는 위 · 아래로 밉니다.
• **기능** : 홈 화면의 알림창 내리기와 웹 또는 앱에서 페이지 넘기기를 할 수 있습니다.

■ 핀치 줌
• **동작** : 두 손가락 끝으로 화면을 눌러 사이즈를 벌리거나 오므립니다.
• **기능** : 확대나 축소가 가능한 앱에서 사용할 수 있으며 두 손가락을 벌리면 확대, 오므리면 축소됩니다.

▶ 전원(잠금) 버튼 다루기

01 화면이 꺼진 대기 상태에서 스마트폰의 [전원] 버튼을 **누릅니다**. 화면이 켜지며 잠금화면이 나타납니다.

누르기

02 화면을 **위·아래로 슬라이드**하면 잠금화면이 열리면서 홈 화면이 나타납니다.

슬라이드

 잠깐

패턴, 지문, 비밀번호 등의 화면 잠금을 설정했다면 해당 잠금을 해제해야 홈 화면이 나타납니다.

03 홈 화면을 아래로 슬라이드 합니다. 빠른 설정 창이 나타나면 ⏻을 터치합니다. 스마트폰 종료 화면이 나타나고 **[전원 끄기]**를 **터치**하여 전원을 종료합니다. 다시 **[전원]** 버튼을 길게 **누르면** 전원이 켜집니다.

스마트폰 전원 끄기

① **전원 끄기** : 스마트폰의 전원을 차단합니다. 전화, 문자, 인터넷 등의 기능을 사용할 수가 없습니다(배터리가 모두 방전되어도 같은 상태가 됩니다).

② **다시 시작** : 스마트폰을 재시작합니다. 스마트폰의 기능 업데이트나 일시적인 먹통 현상이 나타나면 다시 시작하여 일시적으로 문제를 해결할 수도 있습니다.

③ **긴급전화** : 긴급 연락처에 등록한 사용자에게 나의 위치를 알리는 기능입니다(처음 실행하면 이용 약관에 동의한 후 사용할 수 있습니다).

④ **의료정보** : 위급 상황 발생 시 구급대원 또는 의료진이 스마트폰에 등록되어 있는 나의 응급 의료 정보를 확인해 빠르게 조치를 취할 수 있도록 돕습니다.

▶ 음량 버튼 다루기

01 화면이 켜진 상태에서 [음량(상)] 버튼을 **누릅니다.** 누를 때마다 음량이 조금씩 올라갑니다.

 반대로 [음량(하)] 버튼을 눌러 음량을 계속 낮추면 마지막에는 진동 모드로 바뀌고 전화 및 문자 알람도
진동으로 변경됩니다.

02 [음량(하)] 버튼을 누른 후 화면 좌측에 볼륨 창이 나타나면 ⋯을 **터치**합니다. 음량 메뉴창
이 나타납니다.

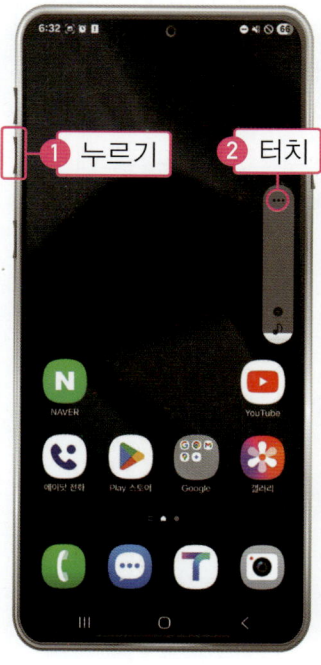 

03 [벨소리] 영역의 바를 위로 드래그해 원하는 소리 크기로 조절합니다. 음량 설정이 완료되면 화면의 빈 곳을 터치해 홈 화면으로 돌아갑니다.

전화 통화 중 [음량] 버튼을 누르면 통화 음량을 조절할 수 있습니다. 또한 동영상이나 음악 등을 듣고 있을 때 [음량] 버튼을 누르면 미디어 음량이 조절됩니다.

 잠깐

소리 모드와 무음 모드

[음량] 메뉴를 확장하면 [벨소리], [미디어], [알림], [시스템]의 음량을 조절할 수 있습니다.

소리 모드에서만 [알림]과 [시스템] 음량이 활성화됩니다.

무음 모드나 진동 모드에서 [벨소리] 영역의 바를 조절하면 소리 모드로 변경됩니다.

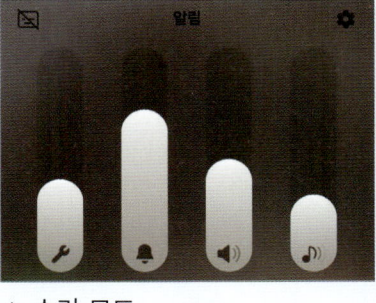

▲ 소리 모드

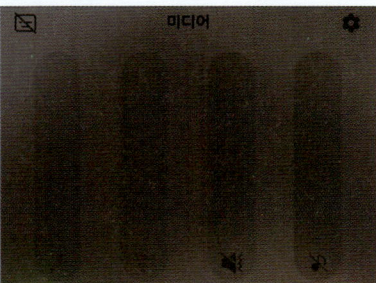

▲ 무음 모드

설정 화면에서 직접 볼륨 조절하기

01 화면을 위로 슬라이드하여 앱스 화면으로 이동한 후, 스마트폰의 기본 앱 중 [설정(⚙)] 앱을 찾아 터치합니다. 설정 화면이 나타나면 [소리 및 진동]을 터치합니다.

02 소리 및 진동 화면에서 [음량]을 터치한 후 [벨소리] 영역의 슬라이드바를 드래그해 소리 크기를 조절합니다. 이때 설정된 벨소리가 크기에 맞춰 들립니다.

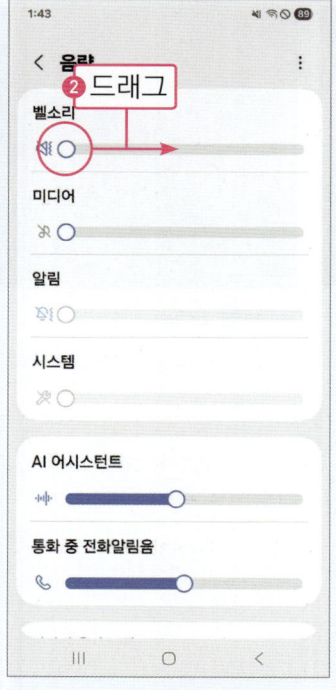
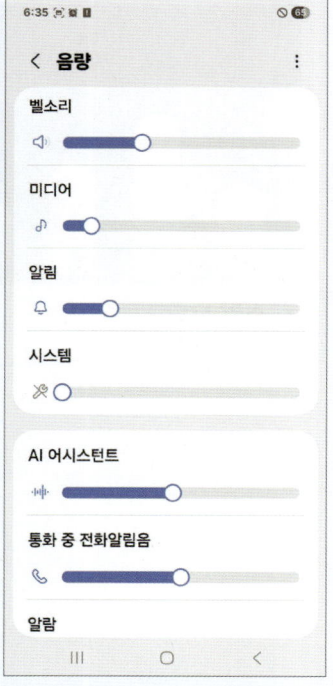

▶ 화면 캡처하기

01 [음량(하)] 버튼과 [전원] 버튼을 동시에 누릅니다. '찰칵' 소리가 나거나 진동이 울리고 현재 화면이 캡처됩니다. 화면 하단에 캡처 툴바가 나타나고 **툴바의 이미지를 터치**하면 캡처된 화면이 나타납니다.

편집(🖼️) : 캡처된 화면을 바로 자르거나 회전하는 등 다양한 편집을 할 수 있습니다.
공유(◀️): 캡처된 화면을 SNS나 메시지에 공유할 수 있습니다.

02 [홈] 버튼을 **터치**하여 홈 화면으로 이동합니다. 캡처된 화면은 [갤러리(🌸)] 앱에서 확인할 수 있습니다([갤러리] 앱에 대해서는 9장에서 자세히 다룹니다).

긴 화면 한 번에 캡처하기

01 앱스 화면에서 [설정(⚙️)] 앱을 찾아 터치합니다. 설정 화면이 나타나면 버튼을 눌러 화면을 캡처합니다. 화면의 긴 내용을 한 번에 캡처하고 싶으면 [전체 캡처(⌄)]를 터치합니다.

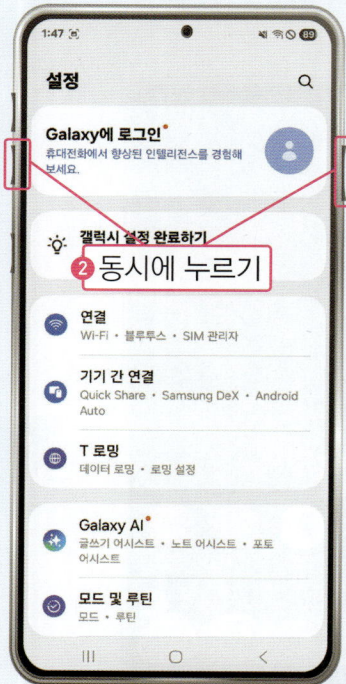

02 화면이 아래로 내려가면서 연속 캡처가 되는 것을 확인할 수 있습니다. 캡처한 사진을 아래로 드래그해 봅니다.

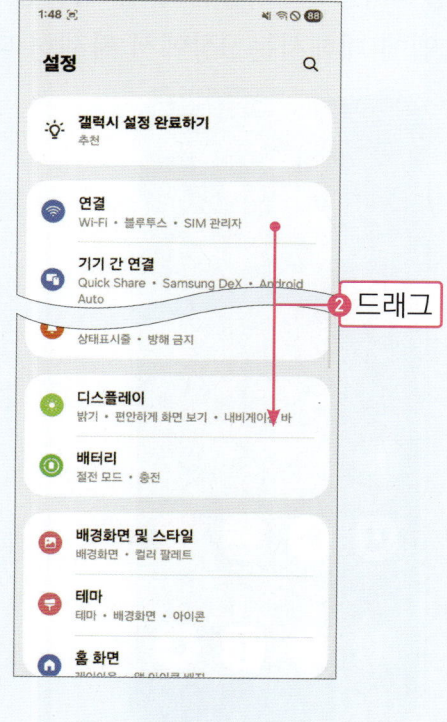

▶ 메시지 확대 및 축소하기

01 홈 화면에서 [메시지(💬)] 앱을 터치해 실행한 후 채팅 화면에서 **메시지 하나를 터치**합니다.

 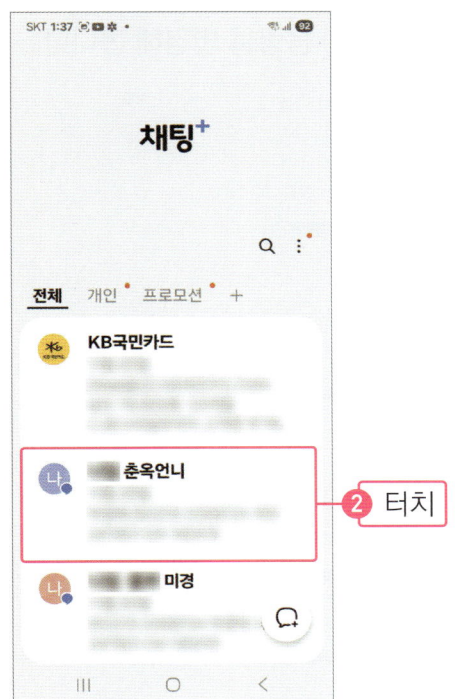

02 두 손가락으로 화면을 터치한 후 손가락을 벌려 메시지를 확대합니다. 메시지 크기를 축소하려면 두 손가락을 오므려 메시지를 축소합니다.

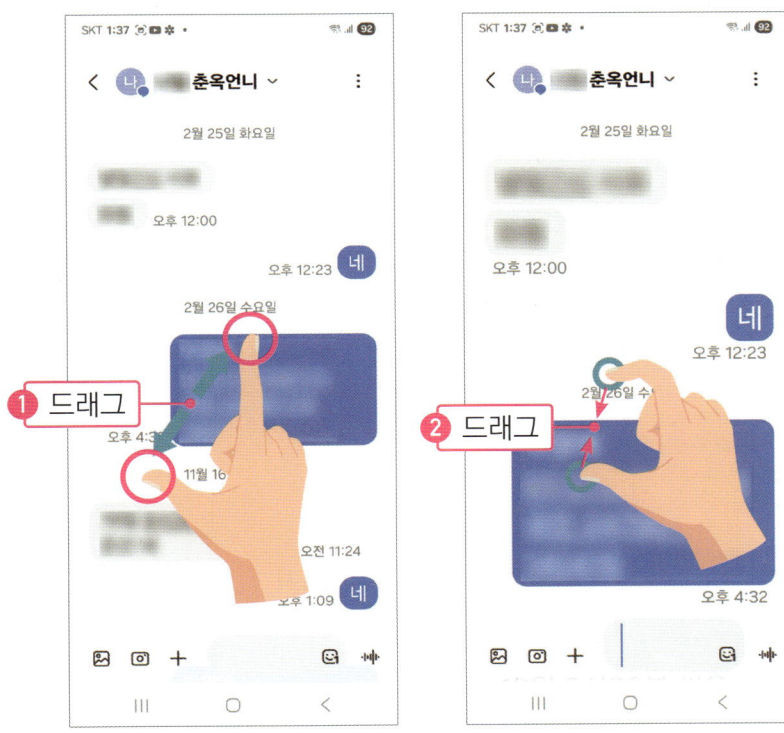

01 스마트폰의 미디어(YouTube, 음악 등) 음량을 변경해 봅니다.

 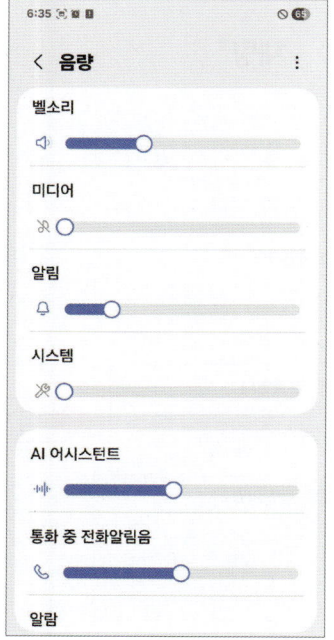

 [설정(⚙)] 앱–[소리 및 진동]–[음량]으로 들어가서 바꿀 수도 있습니다.

02 검색 앱을 실행하여 해당 사이트의 긴 화면을 캡처하고 확인해 봅니다.

O2 스마트폰 알아가기

- 키보드 설정 변경하기
- 타자 연습하기
- 폴더 및 앱 다루기
- 모바일 데이터 연결하기
- 와이파이 연결하기

미/리/보/기

스마트폰은 제조사와 운영체제의 버전에 따라 제공하는 기능에 조금씩 차이가 있지만 기본적인 사용 방법은 비슷합니다. 이번 장에서는 키보드 형식 변경, 폴더 설정, 와이파이 연결 등 스마트폰을 다루는 방법에 대해서 알아보겠습니다.

▶ 키보드의 종류

요즘은 통화보다 문자나 모바일 메신저를 이용한 의사소통이 활발한 시대입니다. 그러므로 타인과 원활한 소통을 위해서 스마트폰의 키보드는 필수로 다룰 줄 알아야 합니다. 스마트폰에는 다양한 키보드 형식이 있지만 그중 많은 사람이 사용하는 쿼티 키보드와 천지인 키보드에 대해 알아보겠습니다.

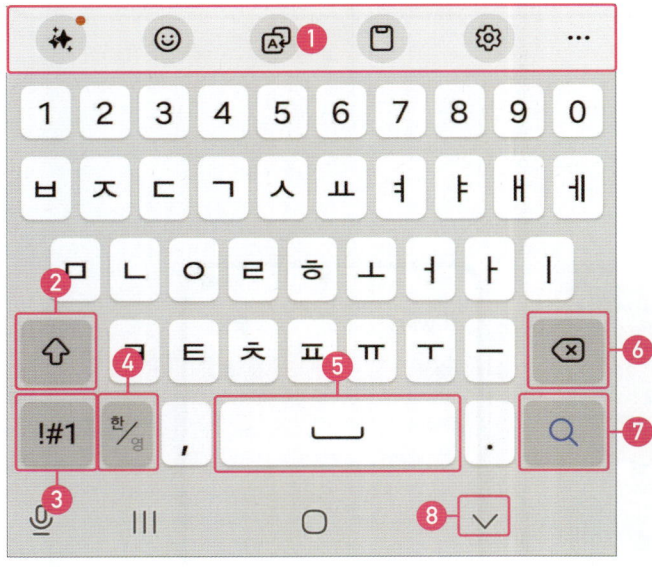

▲ 쿼티 키보드

▲ 천지인 키보드

- **쿼티 키보드** : 컴퓨터 자판 배열과 동일한 키보드 형식입니다. 직관적이라 사용하기 쉽지만 자판 배열을 익히기 전까지는 타자 속도가 느리며 또한, 자판이 작아 오타가 잦기에 한 손으로 사용하기 힘들다는 단점이 있습니다.

- **천지인 키보드** : 휴대전화 환경에 맞춰 사용하기 편리하게 개발된 한글 키보드 형식입니다. 한글 창제의 원리 중 모음인 천(·), 지(一), 인(ㅣ)을 자판에 입력하는 방식이라 글자가 많지 않아 배우기 쉽고 자판이 넓어 한 손으로 입력하기 편합니다. 하지만, 타수가 많아지고 종성이 다음 단어의 초성과 겹치는 경우(예 안녕)에는 스페이스(ㅡ)를 터치해야 하는 단점이 있습니다.

❶	각종 이모티콘과 음성 입력, 설정 메뉴	❻	커서 왼쪽 글자 지우기
❷	이중모음/쌍자음 전환, 대문자/소문자 전환	❼	줄 바꿈/검색/실행
❸	숫자와 특수 기호 전환	❽	키보드 숨기기
❹	한글/영어 전환	❾	획 추가
❺	공백 삽입		

▶ 인터넷 연결

스마트폰을 제대로 사용하기 위해서는 인터넷이 연결되어 있어야 합니다. 접속하는 방식은 두 가지이며 와이파이(Wi-Fi)와 모바일 데이터(LTE 또는 5G)가 있습니다.

▲ 모바일 데이터

❶ **모바일 데이터** : 가입한 요금제에 따라 정해진 데이터를 사용합니다. 통신사의 통신 회선을 사용하기에 지역적인 한계가 없으며 상대적으로 보안이 강하고 끊김 없이 안정적으로 사용할 수 있다는 장점이 있습니다. 단점으로는 유료이기에 정해진 데이터 사용량을 초과하면 추가 요금을 지불하거나 속도가 느려질 수도 있습니다.

▲ 와이파이

❷ **와이파이** : 무료 사용이 가능한 네트워크입니다. 데이터 사용량이 많은 동영상이나 YouTube 등을 시청할 경우 와이파이를 사용하는 것이 좋습니다. 무선 공유기를 설치한 가정, 카페, 지하철과 같은 대중교통 등에서 자유롭게 사용할 수 있습니다. 단점으로는 서비스 범위를 벗어나면 사용할 수 없고 보안이 상대적으로 취약해 개인 정보 노출 등의 문제가 발생하기도 합니다.

▶ 키보드 설정하기

01 홈 화면을 위로 슬라이드하여 앱스 화면으로 이동합니다. [검색] 란을 터치합니다.

02 화면에 키보드가 나타나면 ⚙을 터치합니다. 삼성 키보드 화면에서 [언어 및 키보드 형식]을 터치합니다.

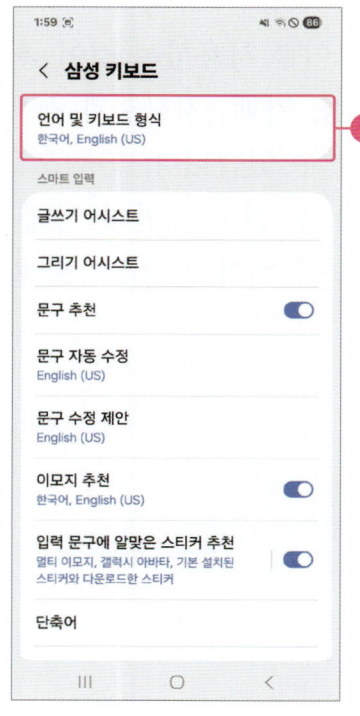

 홈 화면 또는 앱스 화면에서 [설정(⚙)]–[일반]–[삼성 키보드]–[언어 및 키보드 형식] 순으로도 들어갈 수 있습니다.

03 [한국어]와 [English(US)]에 파란색 텍스로 현재 설정된 키보드가 보이고 [한국어]를 터치합니다. 키보드 형식 메뉴가 나타나면 [천지인]을 선택합니다.

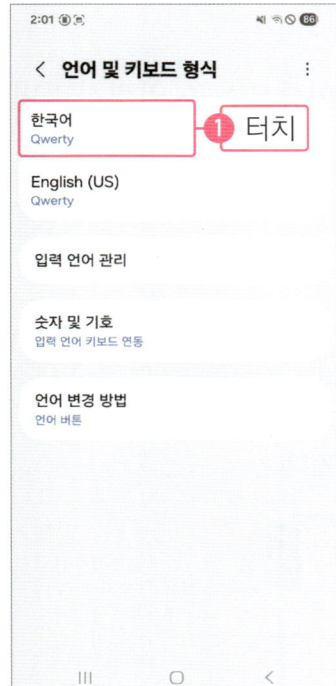
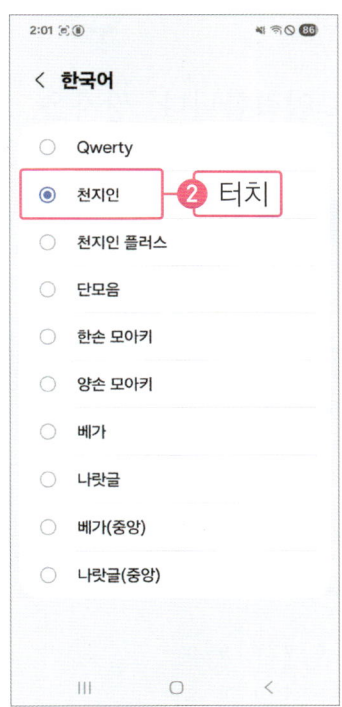

04 [홈] 버튼을 터치해 홈 화면으로 이동한 후 **화면을 위로 슬라이드** 하여 앱스 화면의 [검색]란을 터치합니다. 키보드 형식이 이전과 달라진 것을 확인할 수 있습니다.

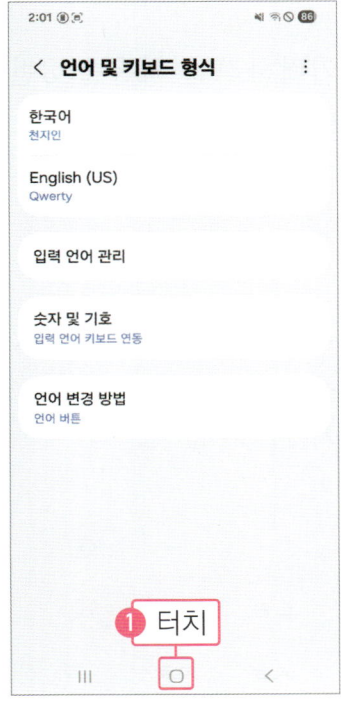

▶ 타자 연습하기

앱스 화면의 [검색] 란을 터치한 후 키보드가 나타나면 '대한민국'을 입력해 봅니다.

- **쿼티 키보드** : 한글을 쓰듯이 순서대로 입력합니다. 쌍자음, 또는 이중모음을 입력하려면 ⇧를 터치한 후 입력합니다.

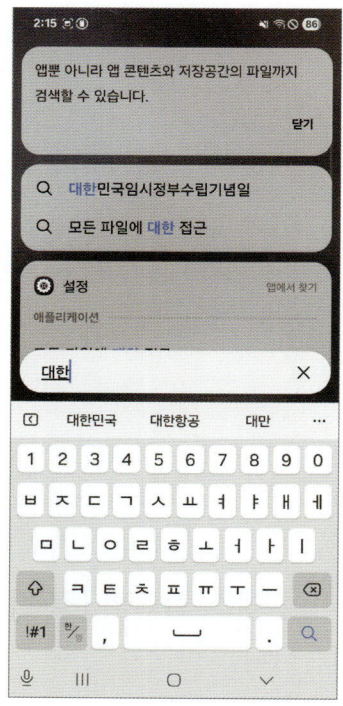 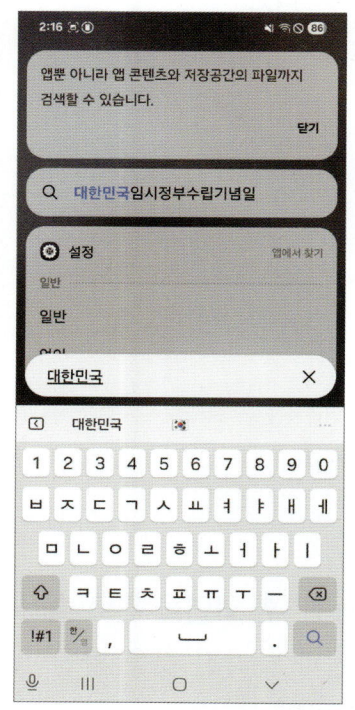

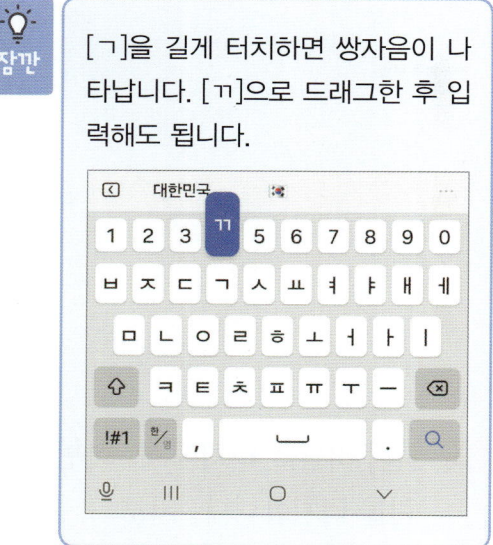
[ㄱ]을 길게 터치하면 쌍자음이 나타납니다. [ㄲ]으로 드래그한 후 입력해도 됩니다.

- **천지인 키보드** : 한글을 쓰듯이 순서대로 터치합니다. 쌍자음을 입력하려면 자음을 3번 터치합니다. 모음을 입력하려면 천(ㆍ), 지(ㅡ), 인(ㅣ)을 이용해 모음을 만듭니다.

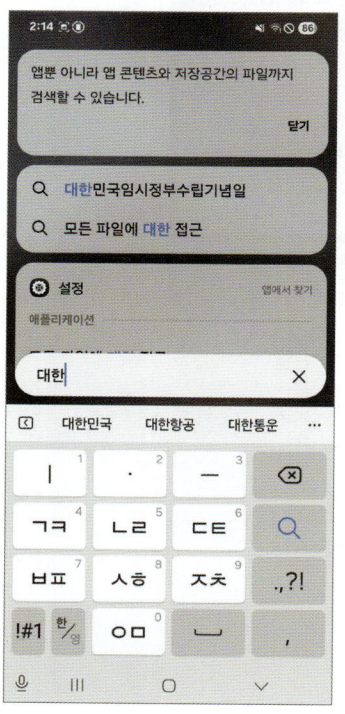 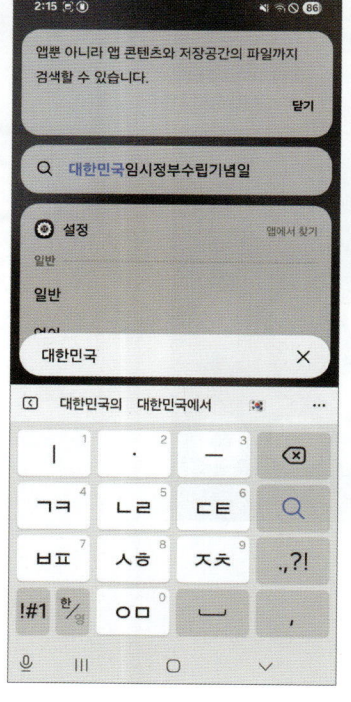

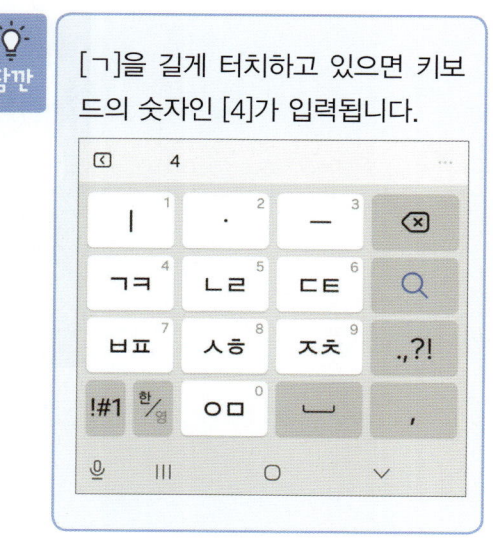
[ㄱ]을 길게 터치하고 있으면 키보드의 숫자인 [4]가 입력됩니다.

▶ 앱 이동하기

01 홈 화면에서 **앱 하나를 길게 터치**합니다. 확장 메뉴가 나타나면 **앱을 원하는 위치로 드래그**한 후 손가락을 뗍니다.

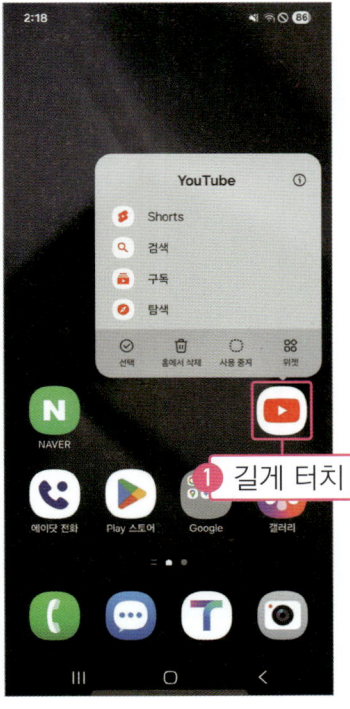  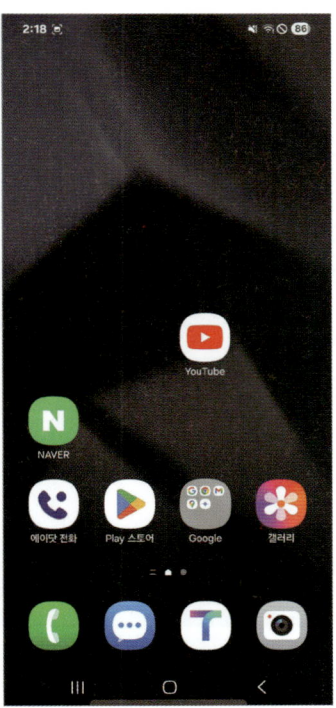

02 앱스 화면으로 이동한 후 홈 화면에 추가할 **앱 하나를 길게 터치**합니다. 확장 메뉴가 나타나고 **[홈 화면에 추가]를 터치**합니다. 홈 화면에 앱이 추가됩니다.

  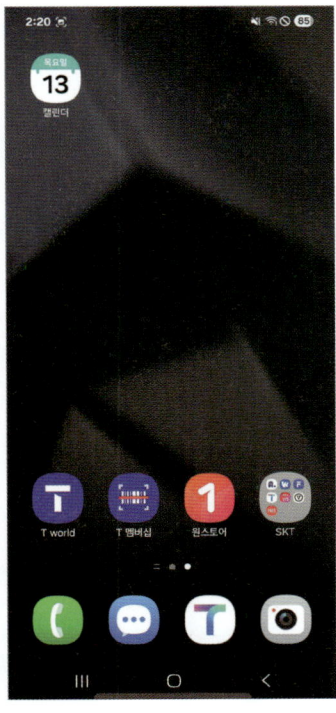

 앱스 화면에서 앱을 길게 터치하여 드래그해도 홈 화면에 추가할 수 있습니다.

03 홈 화면에 추가된 **앱을 길게 터치**한 후, 확장 메뉴에서 **[홈에서 삭제]를 터치**하면 홈 화면에서 삭제됩니다.

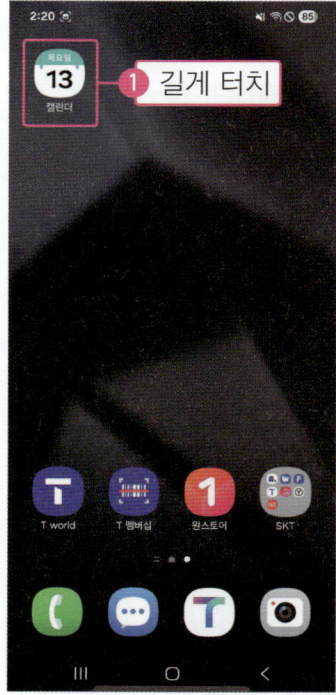 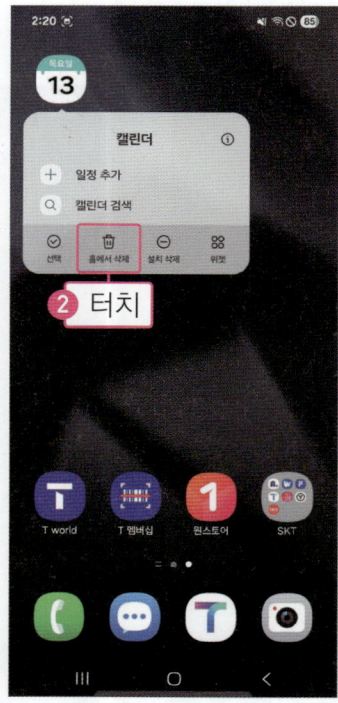 

 잠깐 [홈에서 삭제]를 선택하면 스마트폰에서 앱이 완전히 삭제되지 않고 홈 화면에서만 삭제됩니다. 만약 스마트폰에서 앱을 완전히 삭제하고 싶다면 [설치 삭제]를 터치합니다.

04 앱이 없는 **홈 화면의 빈 곳을 길게 터치**합니다. 홈 편집 화면 상단의 🗑를 **터치**하면 빈 화면이 삭제된 것을 확인할 수 있습니다.

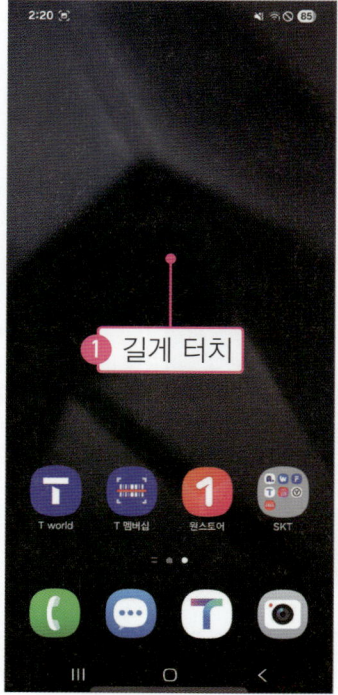  

▶ 폴더 다루기

01 앱스 화면에서 **앱 하나를 길게 터치**합니다. 확장 메뉴가 나타나면 [선택]을 터치한 후, 폴더에 추가할 **앱을 선택**하고 상단의 [폴더 추가]를 터치합니다.

02 선택한 앱이 모여 있는 폴더가 생성됩니다. [폴더 이름]을 터치한 후 이름을 입력하고 키보드의 [완료]를 터치합니다. 화면을 터치해 생성된 폴더를 확인합니다.

03 폴더의 ⊕를 **터치**하면 스마트폰에 설치된 앱 목록이 나타납니다. 폴더에 **추가하고 싶은 앱을 선택**한 후 [완료]를 **터치**하면 폴더에 앱이 추가됩니다.

 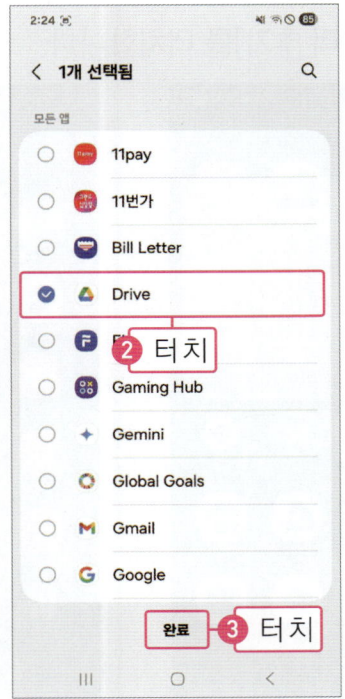 

 ➕ 옆에 ⬤을 터치하면 폴더의 색을 정할 수도 있습니다.

04 반대로 폴더에서 앱을 제거하려면 **앱을 폴더 밖으로 드래그**합니다. 앱스 화면에서 앱이 폴더 밖으로 이동한 것을 확인할 수 있습니다.

 컴퓨터와 다르게 스마트폰의 폴더에는 최소 두 개의 앱이 있어야 합니다. 만약 두 개의 앱이 있는 폴더에서 앱 하나를 폴더 밖으로 드래그하게 되면 남아 있는 앱도 자연스레 밖으로 이동되고 폴더는 삭제됩니다.

05 폴더를 삭제하기 위해 **길게 터치**합니다. 확장 메뉴에서 **[삭제]**를 **터치**한 후 폴더를 삭제할까요? 창이 나타나면 **[삭제]**를 **터치**합니다. 폴더 안의 모든 앱이 밖으로 이동된 것을 확인할 수 있습니다.

드래그하여 폴더 만들기

앱을 드래그하여 다른 앱 위에 겹쳐놓으면 자동으로 폴더가 만들어집니다. 폴더에 앱을 더 추가하고 싶다면 앱을 폴더 위로 겹쳐놓으면 됩니다.

▶ Wi-Fi 연결하기

01 앱스 화면에서 [설정(⚙)] 앱을 터치해 실행합니다. 설정 화면이 나타나면 [연결]을 선택합니다.

02 연결 화면에서 [Wi-Fi]를 선택합니다. 이어서 [사용 안 함] 토글을 터치해 활성화합니다.

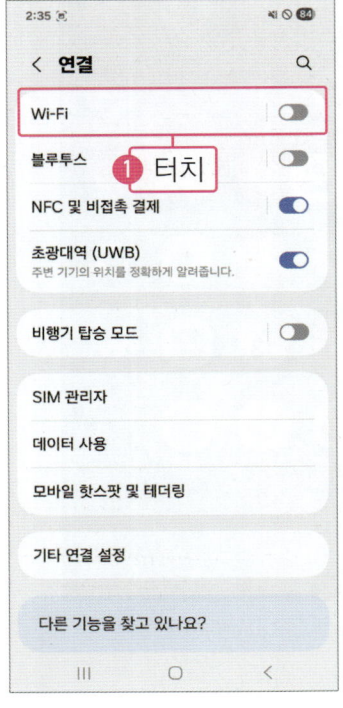

03 검색된 Wi-Fi 네트워크 중 하나를 터치합니다. 와이파이 비밀번호를 입력한 후 [연결] 버튼을 터치합니다.

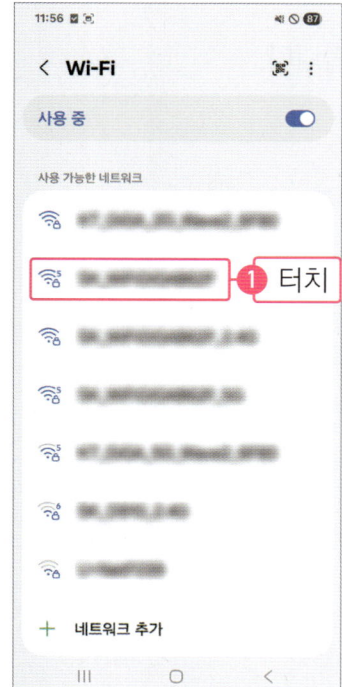  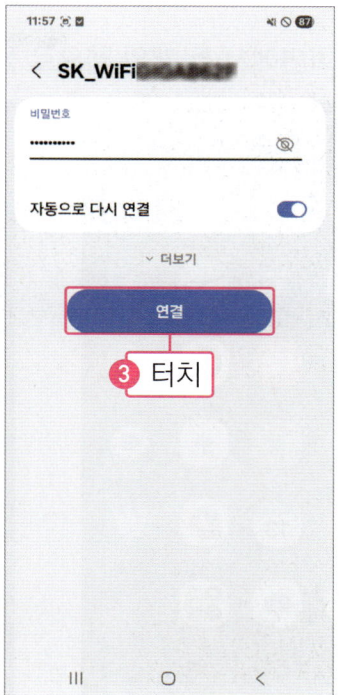

04 와이파이가 연결되었다는 메시지가 나타나면 데이터를 무료로 사용할 수 있습니다.

 잠깐

📶 : 비밀번호가 없는 공용 와이파이이며 누구나 사용할 수 있습니다.

📶🔒 : 비밀번호가 설정되어 있으며 비밀번호를 입력해야 사용할 수 있습니다.

01 앱스 화면에서 두 개의 앱으로 폴더를 만든 다음 홈 화면으로 이동해 봅니다.

02 내 스마트폰에서 와이파이(Wi-Fi)를 찾아 한 곳에 접속해 봅니다. 접속이 끝나면 와이파이 (Wi-Fi) 연결을 종료해 봅니다.

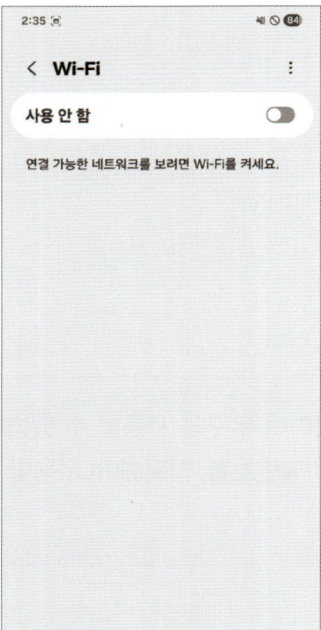 

 버스나 지하철과 같은 대중교통에서는 비밀번호가 설정되어 있지 않은 공공 와이파이를 사용할 수 있습니다.

03 스마트폰 설정하기

- 화면 조정하기
- 글꼴 설정하기
- 위젯 설정하기
- 홈 화면 배열 설정하기
- AOD 설정하기
- 배경화면 변경하기

미/리/보/기

스마트폰의 다양한 기능들을 사용자의 라이프 스타일에 맞춰 설정해 놓으면 핸드폰을 더욱 편리하게 사용할 수 있습니다. 이번 장에서는 화면의 밝기, 크기, 위젯, 앱 배열 등 나만의 스타일로 스마트폰을 설정하는 방법에 대해서 알아보겠습니다.

화면 설정 살펴보기

▶ 디스플레이어 설정

일반 컴퓨터 모니터와 비교해 스마트폰의 화면은 훨씬 작습니다. 화면 크기가 작아 글씨가 잘 보이지 않거나 장소의 밝기에 따라 눈부심으로 화면이 잘 보이지 않을 수도 있습니다. [디스플레이]에서 화면을 현재 상황에 알맞게 설정해 봅니다.

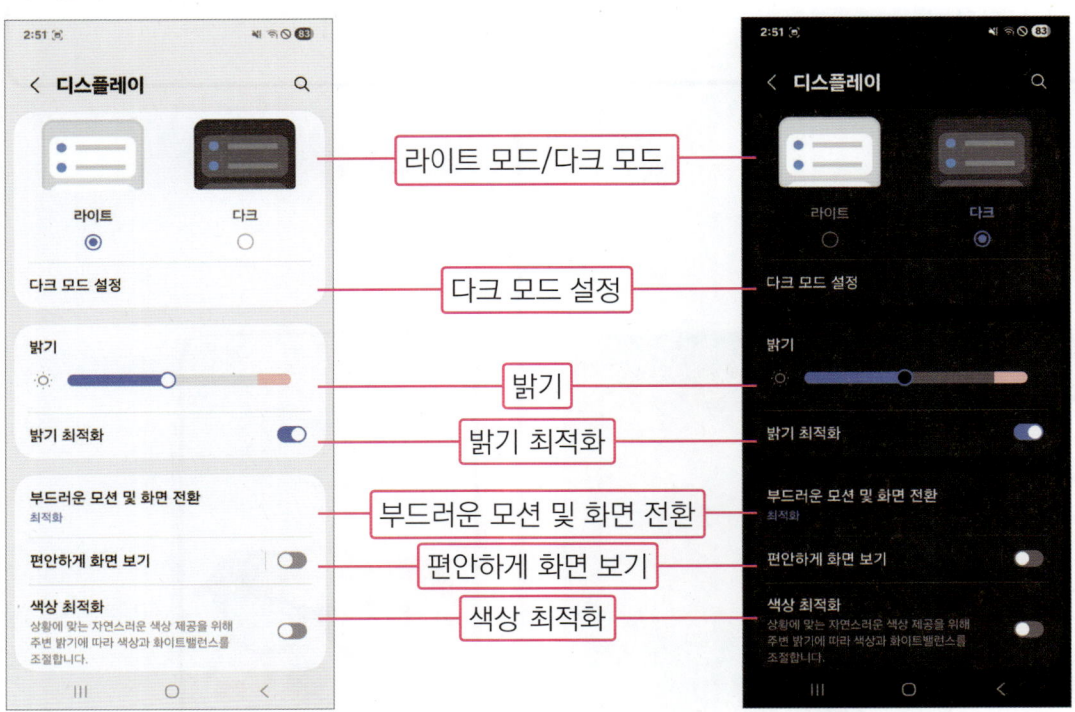

라이트 모드/다크 모드	다크 모드는 화면을 어둡게 만들어 배터리 소모를 줄이고 어두운 환경에서 눈부심을 최소화해줍니다.
다크 모드 설정	설정을 통해 시간에 따라 자동으로 변경되도록 할 수 있습니다.
밝기	슬라이드바로 화면의 밝기를 조절합니다.
밝기 최적화	사용자가 설정했던 밝기를 인공지능이 분석해 비슷한 환경이 되면 자동으로 조절합니다.
부드러운 모션 및 화면 전환	화면 재생률을 설정해 부드러운 화면 전환을 경험할 수 있습니다.
편안하게 화면 보기	화면의 블루라이트를 제한하여 눈의 피로를 줄입니다.
색상 최적화	주변 밝기에 따라 색상과 화이트밸런스를 조절합니다.

잠깐

디스플레이어 설정은 교재에서 소개하는 기능 외에도 글자의 크기와 글꼴을 설정하는 [글자 크기와 스타일], 운영체제와 앱의 화면 크기를 조정하는 [화면 크게/작게], 카메라가 있는 부분을 검은색으로 채워 영역이 표시되지 않게 하는 [카메라 영역], 필수 앱만 화면에 보이는 [쉬운 사용 모드] 등이 있습니다. 디스플레이어 설정의 다양한 기능을 확인하고 설정해 봅니다.

▶ 위젯

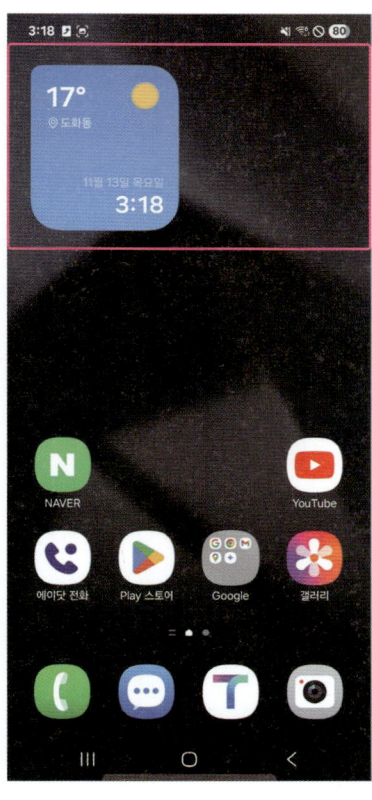

시계, 날씨와 같이 자주 확인이 필요한 앱을 홈 화면에 따로 위치해 놓는 것을 위젯이라 합니다. 홈 화면에 위젯을 추가하면 앱을 실행하지 않고도 일부 정보를 미리 확인할 수 있어 빠르게 상태 파악이 가능합니다.

▶ AOD(Always On Display)

AOD는 화면이 꺼져있을 때도 화면에 날짜, 시간, 배터리 잔량, 알림 등이 계속 표시되는 기능으로 항상 화면이 켜져 있도록 합니다. 다만 일부 스마트폰에서는 지원하지 않으며 절전 모드에서는 사용이 제한되기도 합니다.

▶ 화면 밝기와 크기 조정하기

01 홈 화면에서 [설정(⚙️)] 앱을 터치해 실행한 후 [디스플레이]를 터치합니다. [밝기] 영역의 슬라이드바를 오른쪽으로 드래그하여 화면을 밝게 설정합니다.

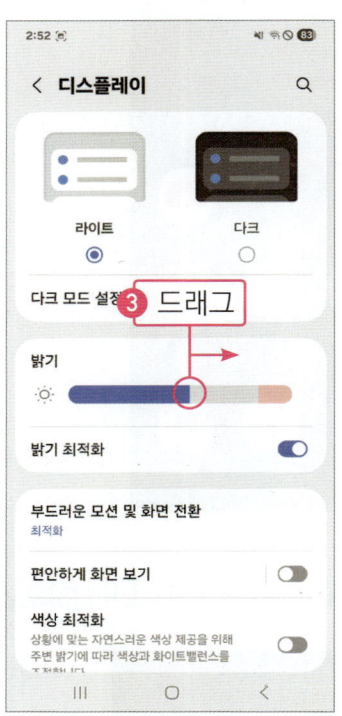

02 이어서 화면을 위로 올린 후 [화면 크게/작게]를 터치하고 [화면 크게/작게] 영역의 슬라이드바를 오른쪽으로 드래그하여 화면을 확대합니다.

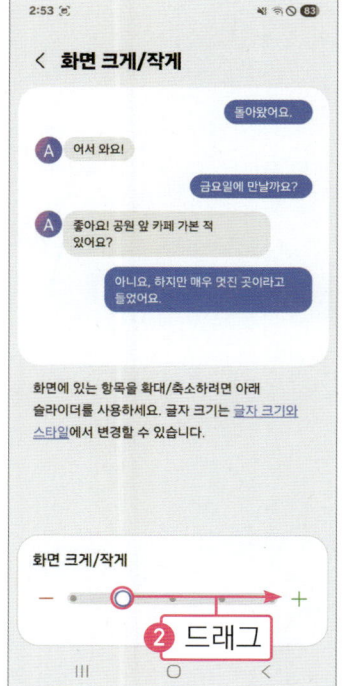

03 [홈] 버튼을 **터치**해 앱스 화면으로 이동하면 화면이 확대되어 앱의 간격이 좁아진 것을 확인합니다.

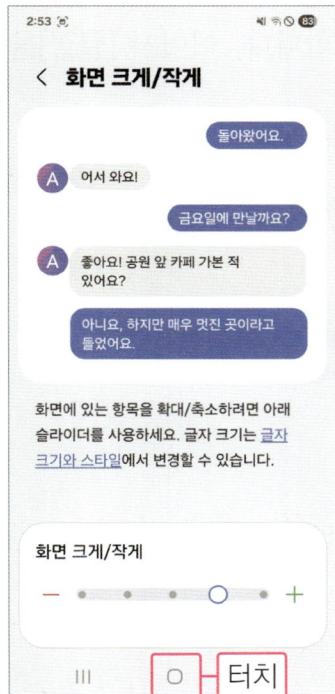

 잠깐

화면 크기 확대 전후 비교

[화면 크게/작게] 기능을 이용해 화면의 크기를 확대 및 축소할 수 있습니다. 사용자의 상황에 맞춰 화면 크기를 조정합니다.

▲ 화면 확대 전   ▲ 화면 확대 후

▶ 글자 크기와 글꼴 설정하기

01 [설정(⚙)] 앱에서 [디스플레이]를 터치합니다. [글자 크기와 스타일]을 터치한 후 [글자 크기] 영역의 슬라이드바를 오른쪽으로 드래그하여 글자 크기를 조절합니다. 이어서 [글꼴]을 터치합니다.

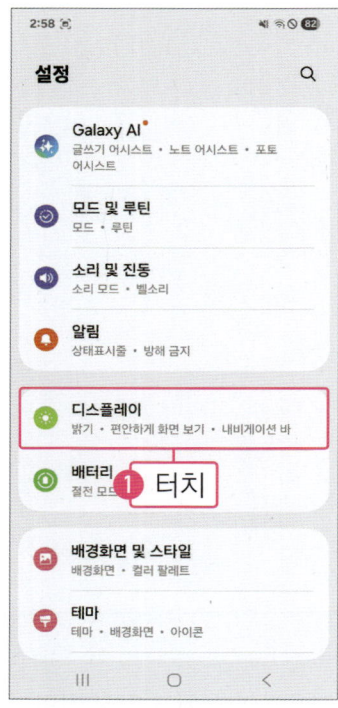
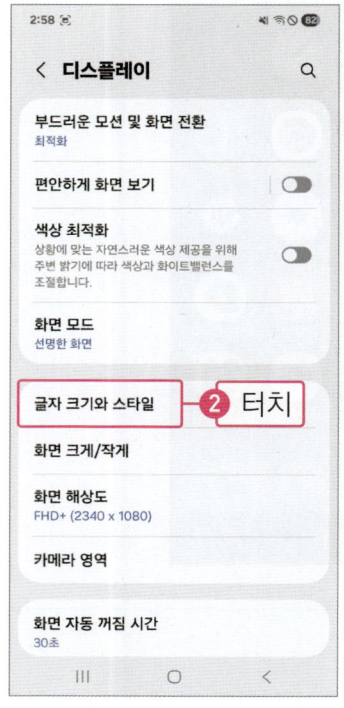
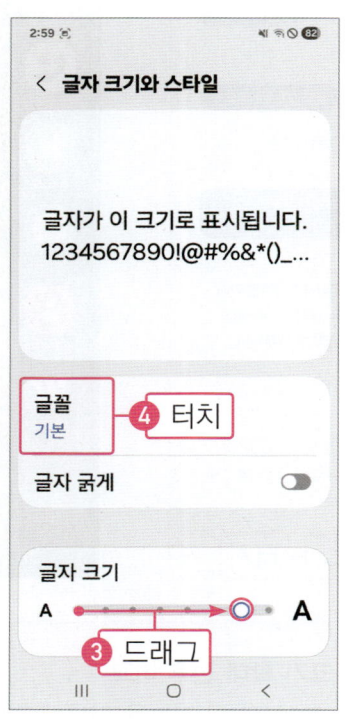

 잠깐

[글자 크기 조절]과 [화면 크기 조절]의 차이점

[글자 크기 조절]과 [화면 크기 조절]의 다른 점은 화면의 크기는 변하지 않고 오로지 글자의 크기만 조절할 것인지 전반적인 화면의 크기까지 모두 조절할 것인지의 차이입니다.

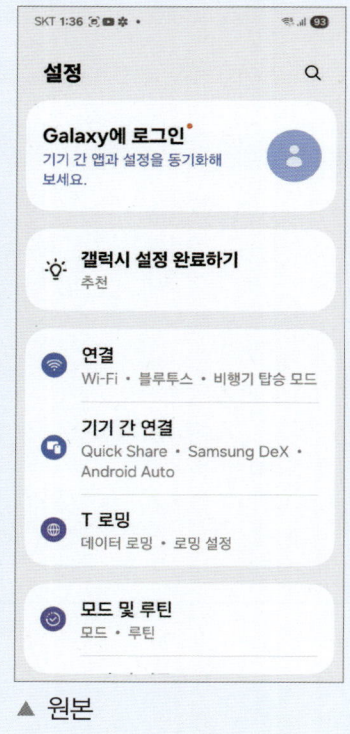

▲ 원본

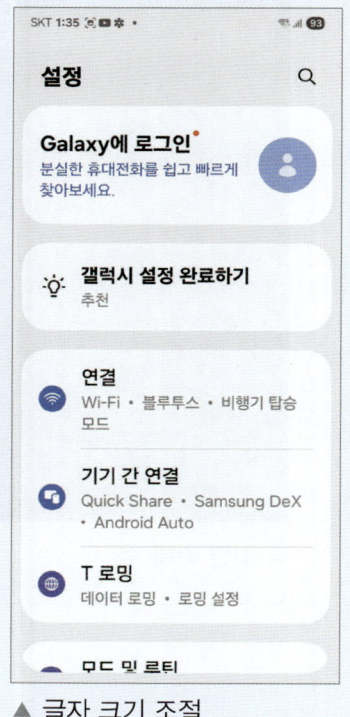

▲ 글자 크기 조절

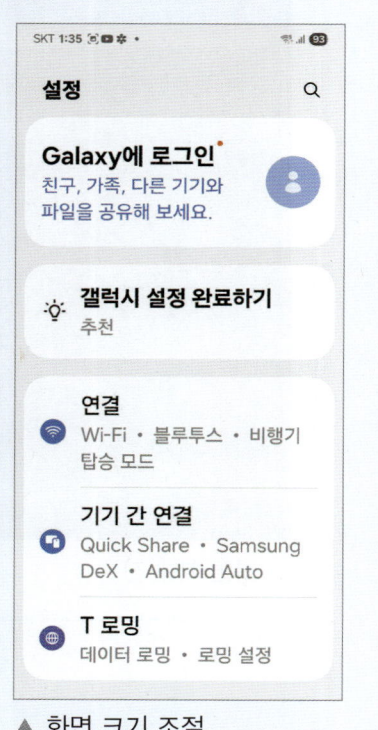

▲ 화면 크기 조절

02 기본으로 제공되는 글꼴 목록에서 [굵은 고딕]을 터치합니다. 글꼴이 바뀐 것을 확인하기 위해 [홈] 버튼을 터치하고 [메시지()] 앱을 실행하여 글꼴이 바뀐 것을 확인합니다.

잠깐

글꼴 다운로드

글꼴 목록에 마음에 드는 글꼴이 없다면 [글꼴 다운로드]를 터치합니다. 갤럭시를 위한 새로운 글꼴 화면에서 추가로 글꼴을 설치해 사용할 수 있습니다.

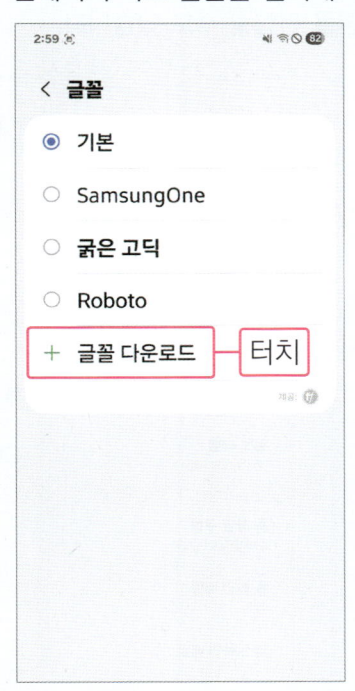

▶ 홈 화면 배열 설정하기

01 홈 화면의 빈 곳을 길게 터치합니다. 홈 편집 화면이 나타나면 [설정(⚙)]을 터치하고 이어서 [홈 화면 배열]을 터치합니다.

잠깐

[설정(⚙)] 앱으로 홈 화면 편집하기

앱스 화면에서 [설정(⚙)] 앱을 터치해 실행한 후 [홈 화면]에서 화면을 편집할 수도 있습니다.

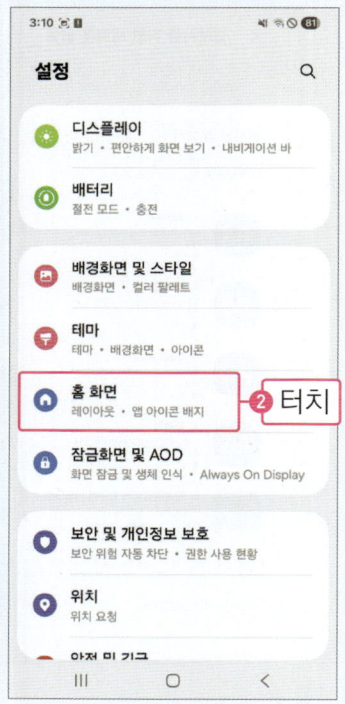
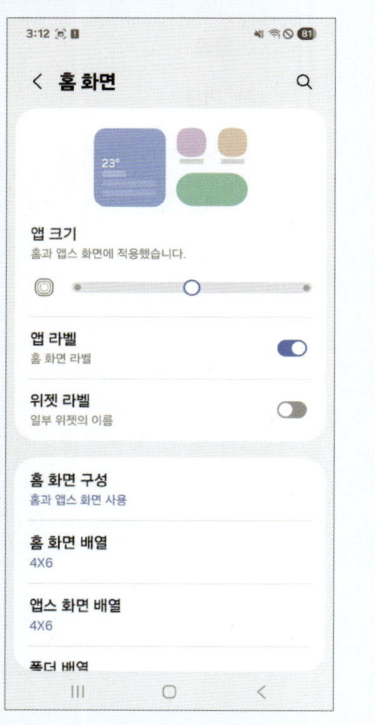

02 홈 화면 배열 화면이 나타나면 [4×6] 버튼을 선택하고 [완료]를 터치합니다. 홈 화면의 앱 아이콘이 작아진 것을 확인합니다.

 잠깐

홈 화면 구성 화면에서 홈 화면과 앱스 화면의 구성을 선택할 수 있습니다. 기본적으로 [홈과 앱스 화면 사용]이 선택되어 있으며 원하는 구성을 선택해 변경할 수 있습니다.

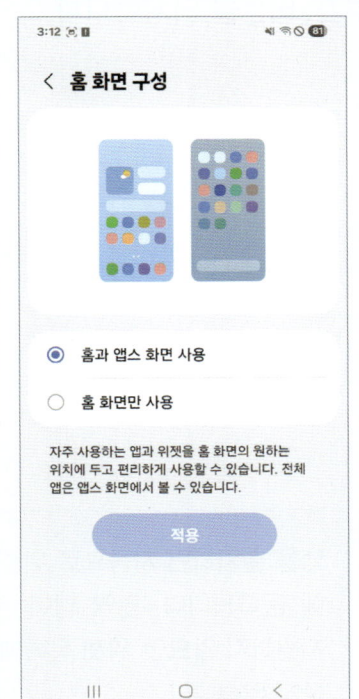
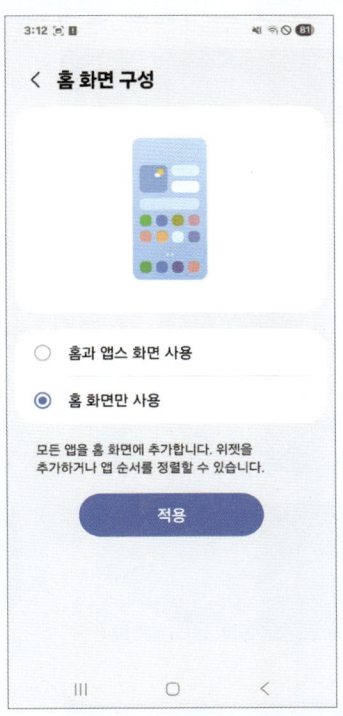

▶ 위젯 설정하기

01 홈 화면의 빈 곳을 길게 터치합니다. 홈 편집 화면이 나타나면 [위젯]을 터치합니다. 사용할 수 있는 위젯 목록들이 나타나면 [날씨]를 선택합니다.

02 하위 메뉴가 나타나고 원하는 위젯 스타일을 선택한 후 [추가] 버튼을 터치합니다.

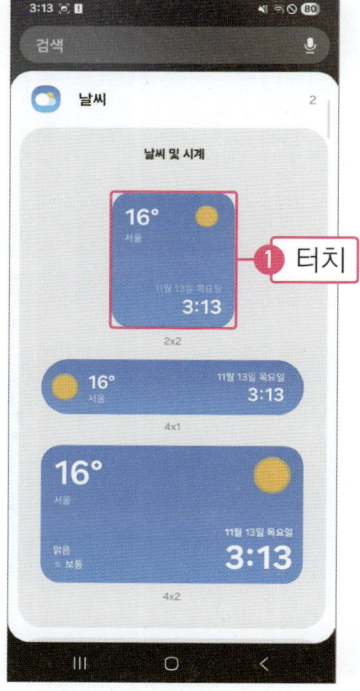

 잠깐

앱을 설치하면 자동으로 위젯 목록에 등록됩니다. 만약 앱이 위젯을 지원하지 않으면 위젯 목록에 나타나지 않습니다.

03 홈 화면으로 이동한 후 **위젯을 원하는 위치로 드래그**합니다.

드래그

핸드폰 기종과 위젯에 따라 다르지만, 위젯 설정 화면이 나타나는 경우
[저장]을 터치합니다.

04 위젯의 크기를 조절하는 사각 바가 나타나면 크기를 조절한 후, **빈 곳을 터치**하여 위젯을
완성합니다.

드래그

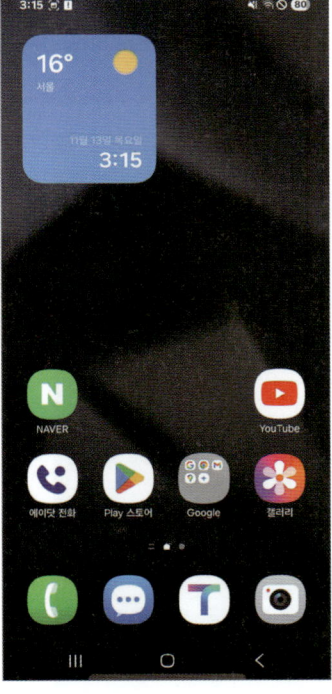

위젯에 따라 크기 조절이 불가하기
도 합니다.

05 위젯의 스타일을 변경하기 위해 **위젯을 길게 터치**합니다. 확장 메뉴가 나타나면 **[설정]**을 터치합니다. 위젯 설정 화면이 나타나고 변경할 **스타일을 선택**한 후 **[저장]**을 터치합니다. 위젯의 스타일이 변경된 것을 확인합니다.

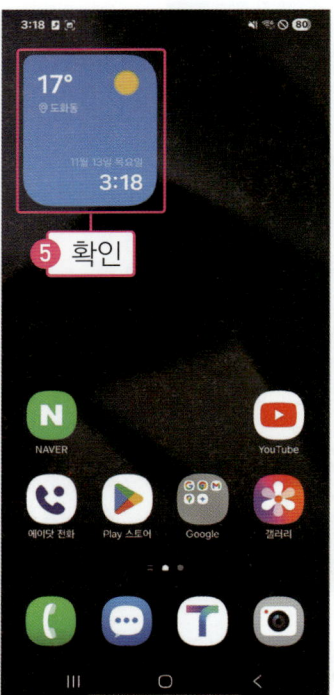

위젯 삭제하기

위젯을 길게 터치한 후 확장 메뉴의 [홈에서 삭제]를 터치합니다. 홈 화면에서 위젯이 삭제된 것을 확인할 수 있습니다.

01 앱스 화면에서 [설정(⚙)] 앱을 터치해 실행한 후 [잠금화면 및 AOD]를 터치합니다. 이어서 [Always On Display] 토글을 터치해 활성화합니다.

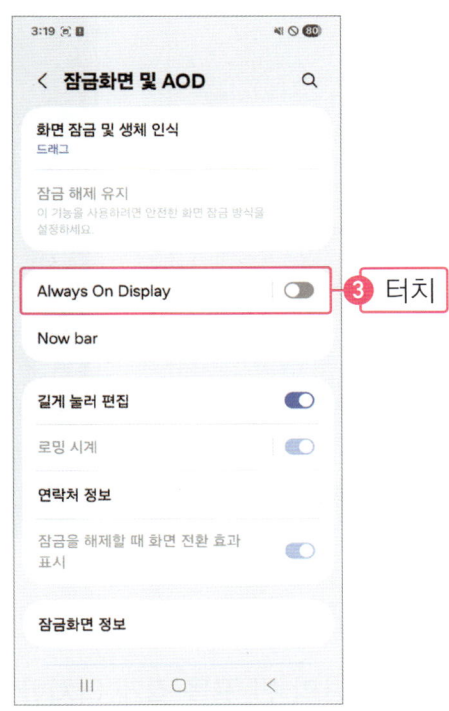

02 Always On Display 화면에서 [사용 안 함] 토글을 터치합니다. 기능이 활성화되면 [표시할 시간]을 터치합니다.

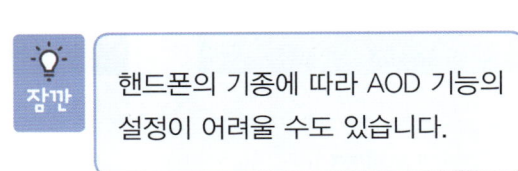

핸드폰의 기종에 따라 AOD 기능의 설정이 어려울 수도 있습니다.

03 표시할 시간 화면에서 [항상 표시]를 선택하고 〈 을 터치합니다. 전원 버튼을 눌러 화면을 끕니다. 설정한 시계가 화면에 표시되는 것을 확인할 수 있습니다.

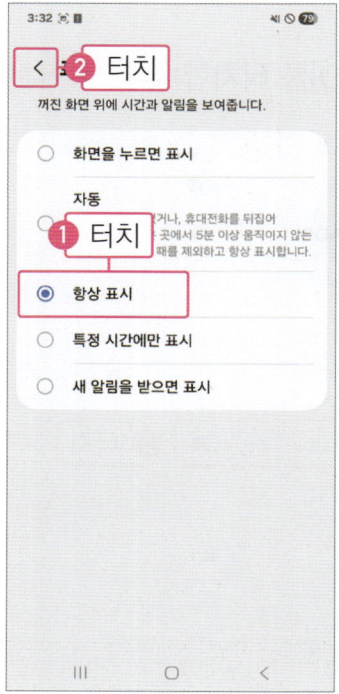 

▶ 배경화면 바꾸기

01 홈 화면의 빈 곳을 길게 터치합니다. 홈 편집 화면이 나타나면 [배경화면 및 스타일]을 터치합니다.

 [설정(⚙)] 앱-[배경화면 및 스타일]을 선택해 설정할 수도 있습니다.

02 배경화면 및 스타일 화면이 나타나면 현재 설정된 잠금화면과 홈 화면의 배경이 보입니다. [배경화면 변경]을 터치한 후 [추천] 영역에서 **원하는 테마를 터치합니다.**

03 적용할 화면 선택 창이 나타나면 [잠금화면]과 [홈 화면]을 모두 선택한 후 [다음] 버튼을 터치합니다. 미리보기로 변경된 화면을 확인한 후 [완료] 버튼을 터치합니다.

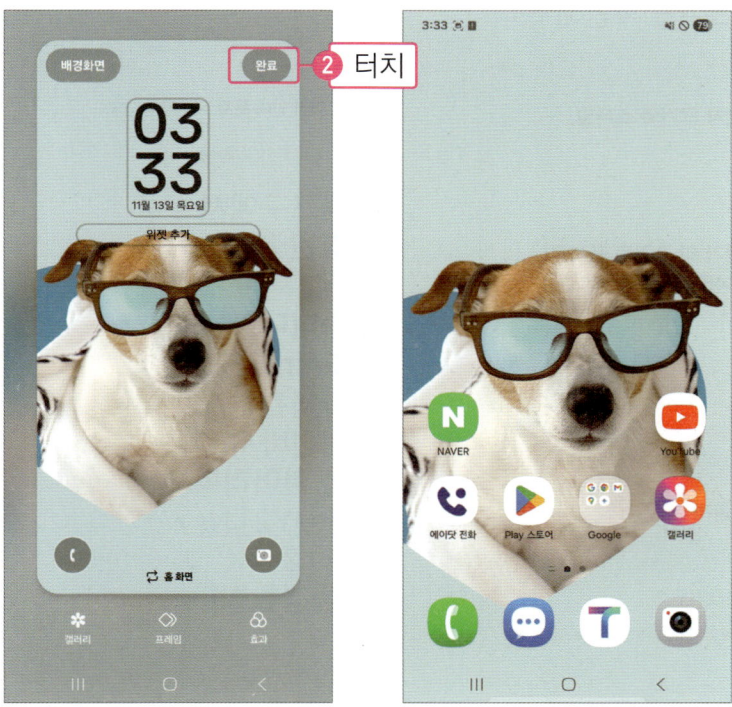

01 위젯에서 '디지털 웰빙'을 찾아 홈 화면에 추가해 봅니다.

02 스마트폰의 글꼴을 '굵은 고딕'으로 바꾸고 크기를 조정한 후, [메시지(💬)] 앱에서 변경된 글꼴과 크기를 확인해 봅니다.

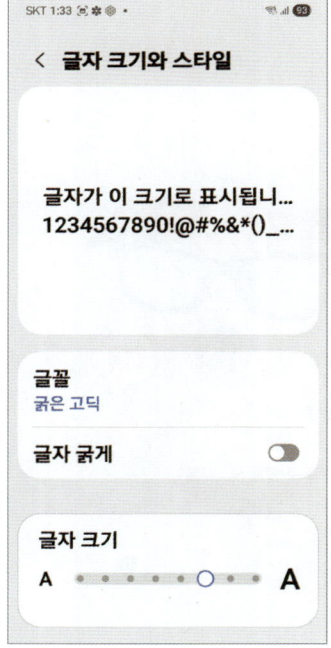

04 스마트폰 활용하기

- 알람 설정하기
- 일정 등록하기
- 알림 설정하기
- 빠른 설정 창 다루기

미 / 리 / 보 / 기

스마트폰의 기능을 잘 활용하면 훌륭한 개인 비서로 만들 수 있습니다. 이번 장에서는 시계, 캘린더 등 기본 앱을 활용해 알람, 알림, 일정 등록을 설정하는 방법과 필요한 기능을 빠르게 설정하는 방법에 대해 알아보도록 하겠습니다.

▶ 알람 관리

[시계(🕐)] 앱에서는 알람, 세계시각, 스톱워치, 타이머를 사용할 수 있습니다.

■ [시계] 앱 기본 기능

1 알람 : 특정 날짜, 요일, 시간 등에 따라 알람이 울리도록 설정합니다.

2 세계시각 : 현재 시간을 기준으로 세계 주요 도시의 시간을 확인하거나 시차를 확인합니다.

3 스톱워치 : [시작] 버튼을 누른 순간부터 시간을 기록할 수 있습니다. [구간 기록] 버튼을 누르면 중간 시간이 기록되며 [중지] 버튼을 누르면 시간 기록을 중지합니다.

4 타이머 : 일정 시간이 지나면 알람이 울리는 타이머를 설정합니다.

■ 알람 옵션

1 요일 : 특정 요일을 선택해 지정하면 해당 요일마다 알람이 울립니다.

2 공휴일에는 끄기 : 알람이 울리는 요일이라도 공휴일이라면 알람이 울리지 않도록 설정합니다.

3 알람 이름 : 알람 이름을 입력합니다.

4 알람음 : 제공되는 알람음을 선택합니다.

5 진동 : 알람음과 진동이 동시에 울리게 합니다. 진동 패턴을 설정할 수 있습니다.

6 다시 울림 : 알람이 울릴 때 사용자가 직접 해제하지 않았을 경우 다시 알람이 울리도록 횟수와 간격을 정할 수 있습니다.

▶ 일정 관리

[캘린더(13)] 앱을 사용하여 나의 일정을 기록해 특정 날짜에 알람이 울리도록 설정할 수 있습니다. 년, 월, 주, 일 단위로 설정하여 확인할 수 있습니다.

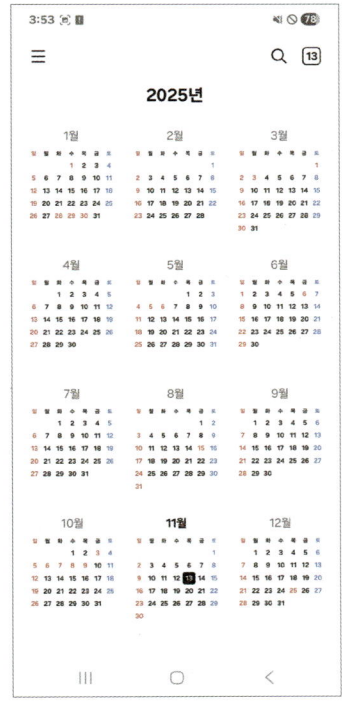

▲ 년 기준 캘린더

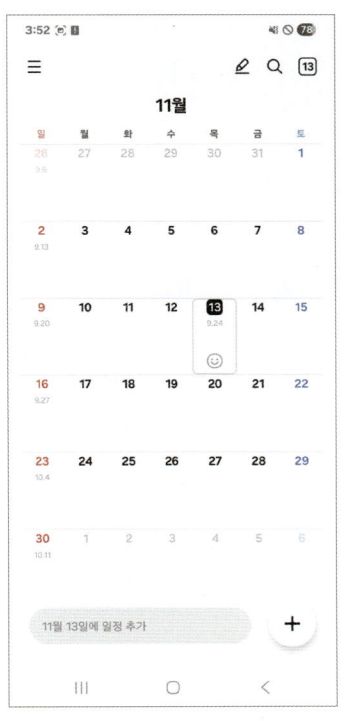

▲ 월 기준 캘린더

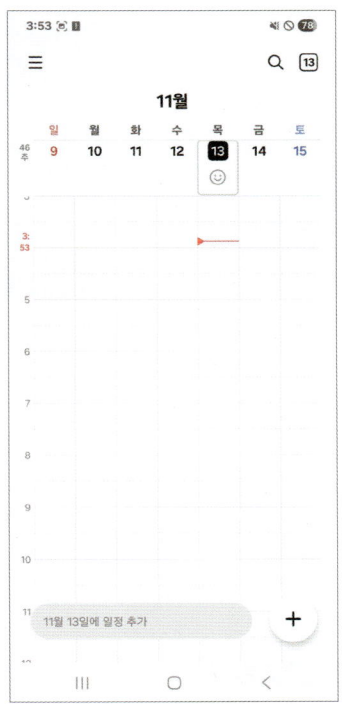

▲ 주 기준 캘린더

■ 일정 옵션

❶ 제목 : 일정의 제목을 입력합니다.

❷ 시간 설정 : 일정의 시작과 종료 시간을 설정합니다. 하루 일정이라면 [하루 종일] 토글을 터치합니다.

❸ 장소 : 일정과 관련된 장소를 입력합니다. [지도]에서 직접 지정할 수도 있습니다.

❹ 내 캘린더 : 구글, 삼성 계정이 있다면 계정과 연동합니다.

❺ 알림 : 일정에 대한 알림 시간을 설정합니다.

❻ 반복 안 함 : 수업 같은 주기적인 일정이라면 반복 여부를 설정합니다.

❼ 메모 : 추가적인 설명이 필요하면 작성합니다.

❽ 영상회의 : [Google Meet] 앱에 접속해 일정과 관련된 영상 회의를 진행할 수 있습니다.

▶ 알림창

스마트폰은 알림음 외에도 사용자에게 알림을 전해줍니다. 앱 아이콘 위에 숫자로 표시하는 배지 형태의 알림과 화면 상단을 아래로 슬라이드하면 창 형태의 알림인 알림창이 나타납니다.

▲ 배지 형식의 알림

▲ 알림창 형식의 알림

▶ 빠른 설정 창

자주 변경하는 설정들은 [설정] 앱을 실행하지 않고도 빠른 설정 창을 통해 간편하게 수정할 수 있습니다. 알림창의 [빠른 설정 버튼] 영역에서 아래로 드래그하면 확장된 빠른 설정 창이 나타납니다.

■ 자주 사용하는 빠른 설정 버튼

❶ Wi-Fi(📶) : 와이파이 무선인터넷에 접속합니다. 길게 터치하면 접속할 수 있는 공유기 목록이 나타납니다.

❷ 블루투스(🔵) : 블루투스를 지원하는 기기들(이어폰, 키보드, 마우스 등)과 무선으로 연결합니다.

❸ 소리 모드(🔊) : 한 번 터치할 때마다 진동 → 무음 → 소리 순서로 변경됩니다.

❹ 회전 모드(🔄) : 폰을 세로로 고정할 것인지 자동 회전으로 사용할 것인지 선택합니다.

❺ 모바일 데이터(↕) : 통신사 회선으로 모바일 데이터와 무선인터넷에 연결합니다.

❻ 위치(📍) : 활성화되어 있으면 폰의 위치와 이동 경로를 파악할 수 있습니다.

 알람 및 일정 등록하기

▶ 알람 시간 설정하기

01 앱스 화면에서 [시계(⏰)] 앱을 터치해 실행합니다. 알람 화면이 나타나면 알람을 추가하기 위해 ⊞를 터치합니다.

02 알람 시간을 설정한 후 알람이 울릴 요일을 선택하고 [알람 이름]을 입력합니다. 이어서 [알람음]을 터치한 후 알람음 화면에서 [벨소리]를 선택합니다.

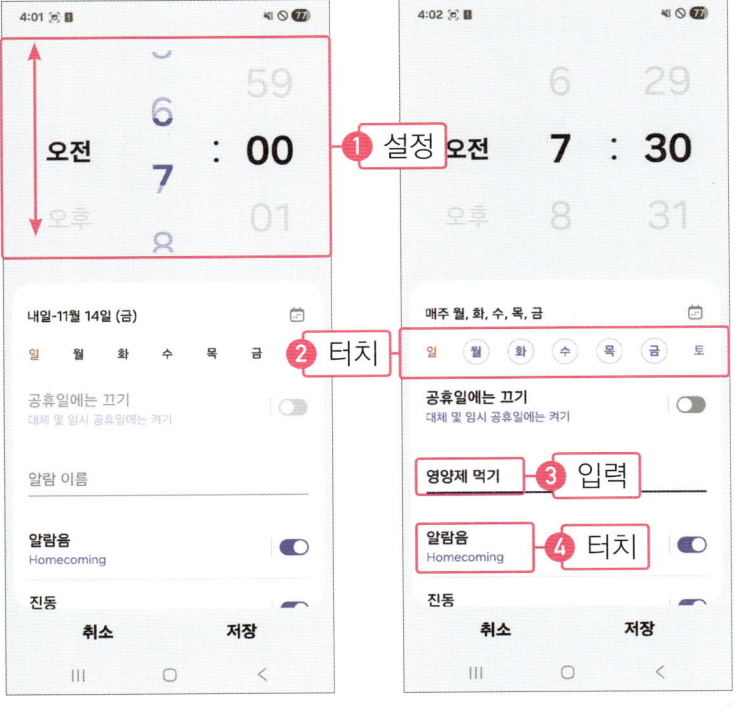 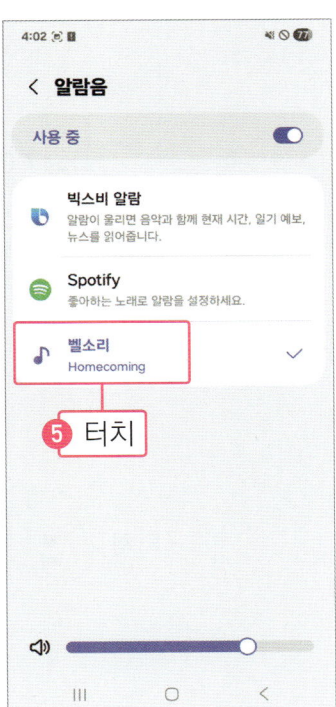

03 벨소리 목록에서 [Homecoming]을 선택하고 ◁를 터치합니다. 이어서 [저장]을 터치합니다. 알람 목록에 새로운 알람이 추가된 것을 확인할 수 있습니다. 목록 중 **알람 하나를 길게 터치**합니다.

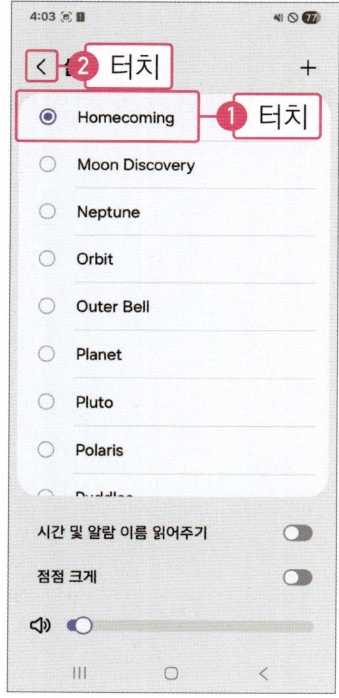
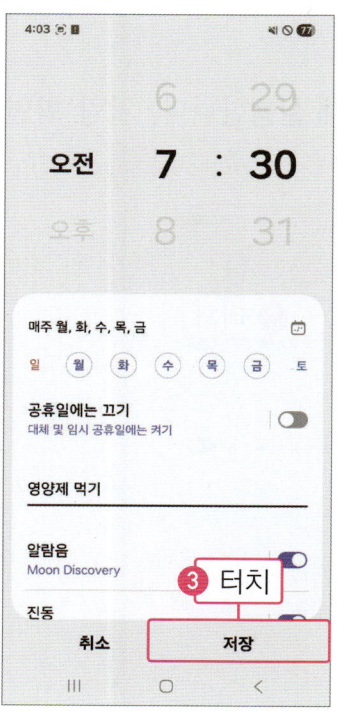
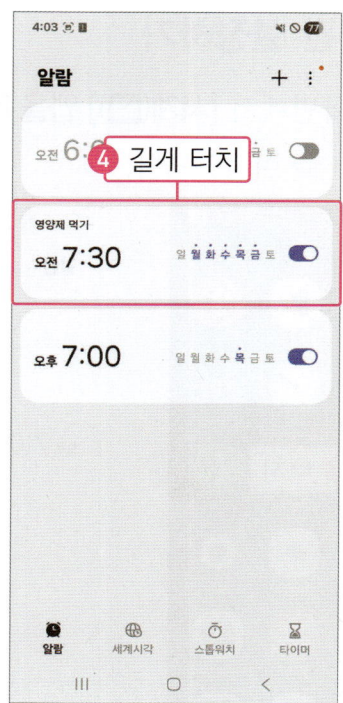

[공휴일에는 끄기]를 활성화하면 법정 공휴일에는 알람이 울리지 않습니다.

04 알람을 삭제하기 위해 [삭제]를 터치합니다. 해당 알람이 목록에서 삭제된 것을 확인합니다.

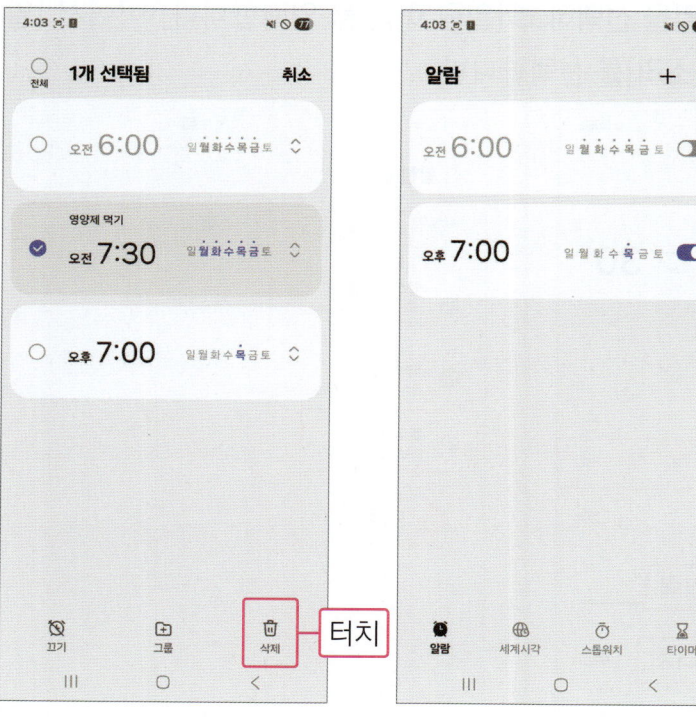

알람 오른쪽에 있는 토글(⬤)을 터치해서 알람을 끌 수도 있습니다.

▶ 일정 등록하기

01 앱스 화면에서 [캘린더(13)] 앱을 터치해 실행합니다. 캘린더의 오늘 날짜에 박스 표시가 되어 있고 ≡을 터치한 후 메뉴에서 [일]을 선택합니다.

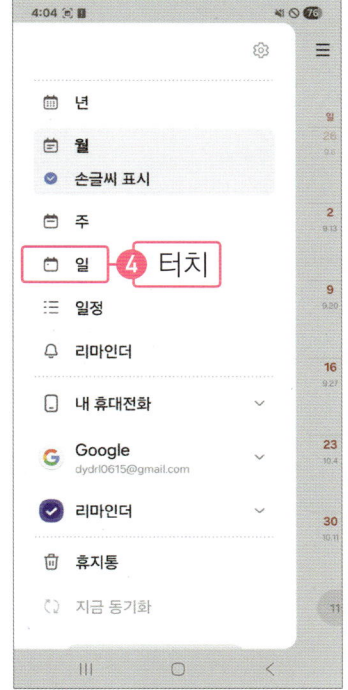

02 일정을 등록할 날짜를 선택하기 위해 **상단의 월을 터치**하면 날짜 설정 창이 나타납니다. '12월'을 드래그하여 날짜 설정이 완료되면 [완료]를 터치합니다. 일정을 추가하기 위해 ⊞을 터치합니다.

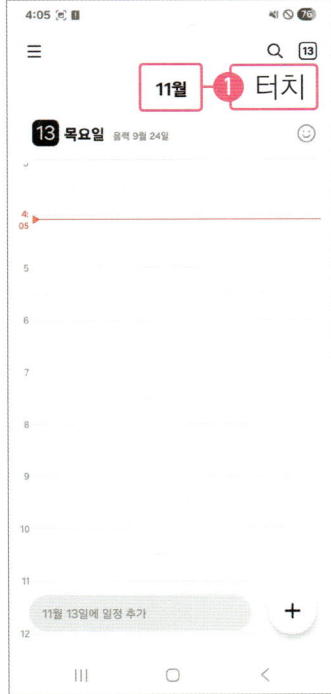
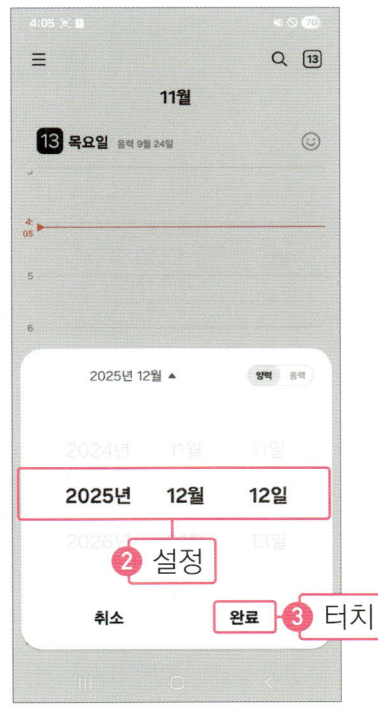

03 일정명을 입력하고 시간은 [하루 종일] 토글을 터치해 활성화합니다. 이어서 화면을 아래로 내려 [알림]을 터치합니다.

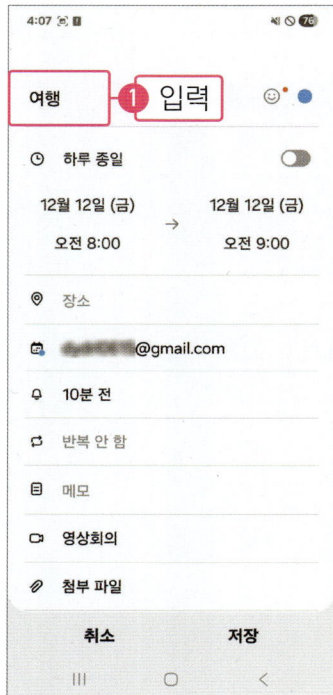  

04 알림 시각은 [1일 전 오후 5:00]로 선택하고 < 을 터치합니다. 간단히 [메모]를 입력하고 [저장]을 터치합니다. 캘린더에 일정이 추가된 것을 확인한 후 ☰을 터치합니다.

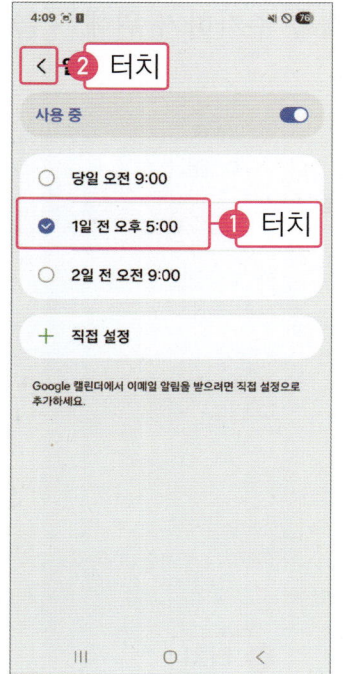 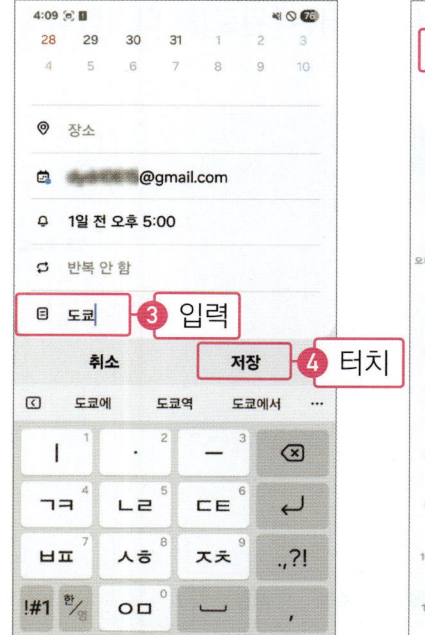 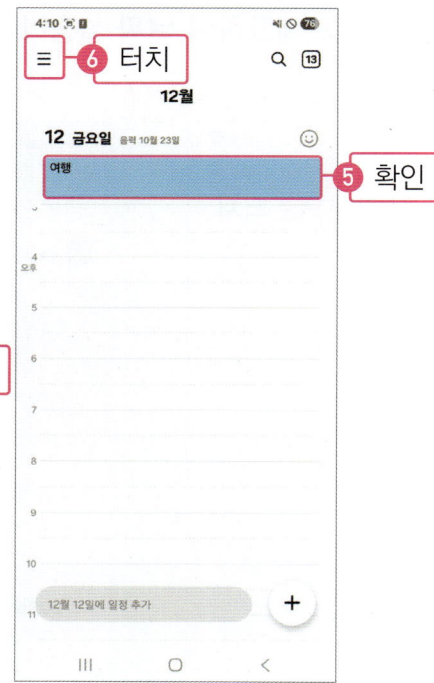

05 [월]을 터치하여 월간 캘린더에서 **일정을 확인합니다.** 캘린더를 위로 올려 **일정 목록을 확**인합니다.

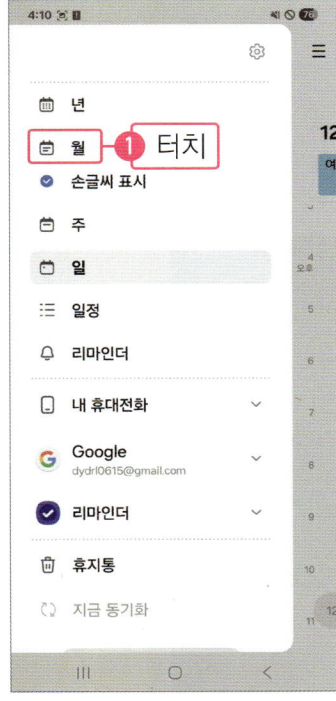  

 잠깐

일정 수정하기

캘린더에 추가한 일정을 길게 터치하면 삭제, 편집, 공유, 복사할 수 있습니다.

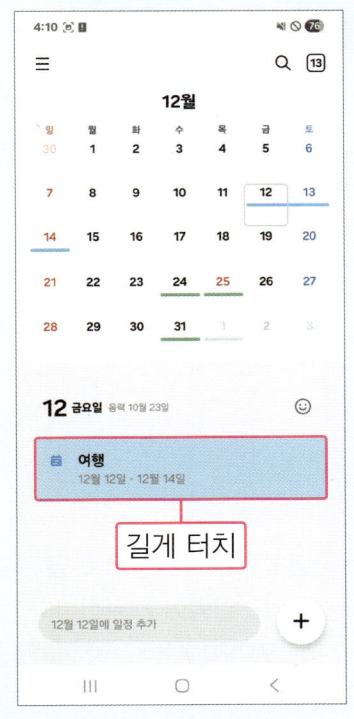 

 **03** 알림 확인하고 설정 변경하기

▶ **알림 확인하기**

01 알림창을 아래로 슬라이드합니다. 메시지 및 각종 앱의 알림 목록이 나타납니다. 그중 하나
를 터치하여 관련 앱을 실행한 후 [홈] 버튼을 터치합니다.

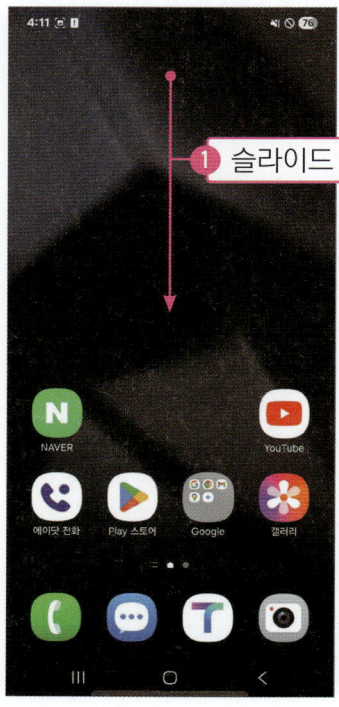

02 이어서 알림창의 알림 목록을 삭제하기 위해 **다시 한번 알림창을 슬라이드**한 후 **알림창 하
단의 [지우기] 버튼을 터치**합니다.

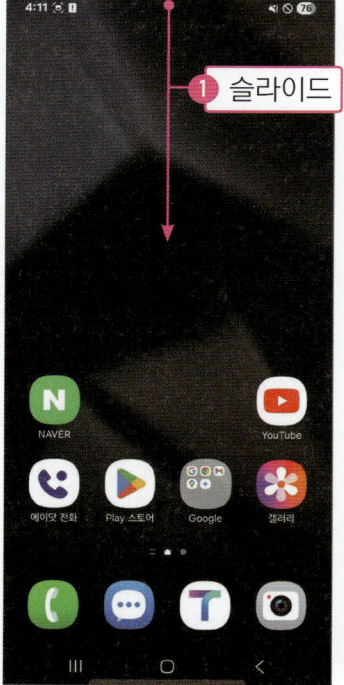

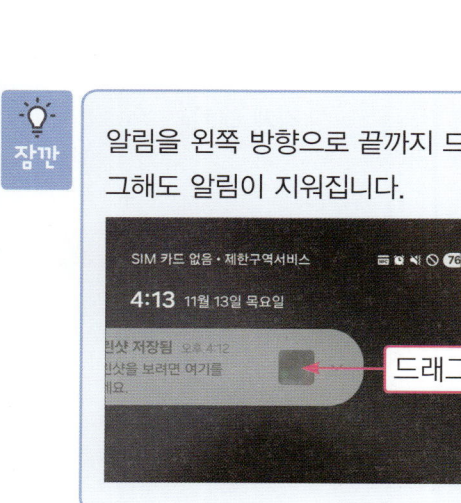

알림을 왼쪽 방향으로 끝까지 드래
그해도 알림이 지워집니다.

▶ 앱 알림 설정하기

01 앱스 화면에서 [설정(⚙)] 앱을 터치해 실행한 후 이어서 [알림]을 터치합니다.

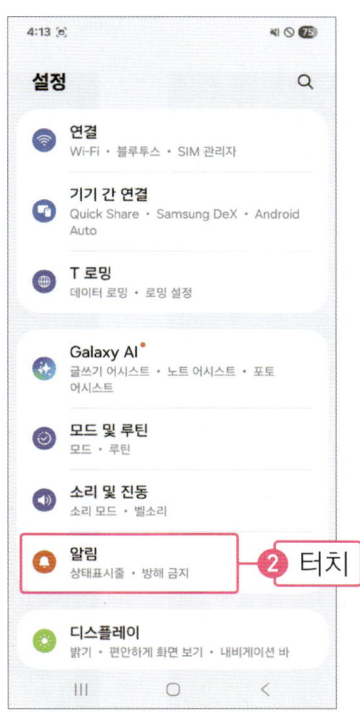

02 알림 화면이 나타나면 [앱 알림]을 터치합니다. 앱 알림 화면에서는 앱별 알림을 설정할 수 있습니다. 알림을 받고 싶은 앱의 토글 터치해 활성화합니다.

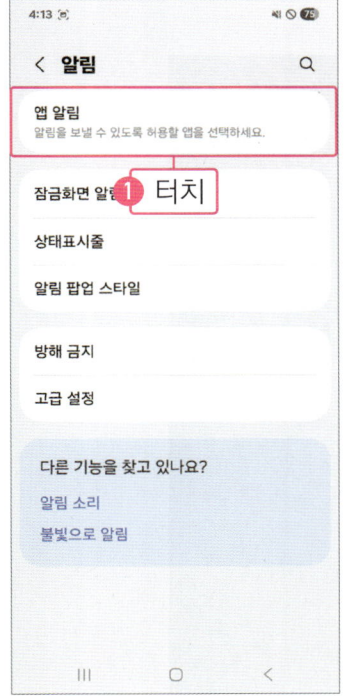
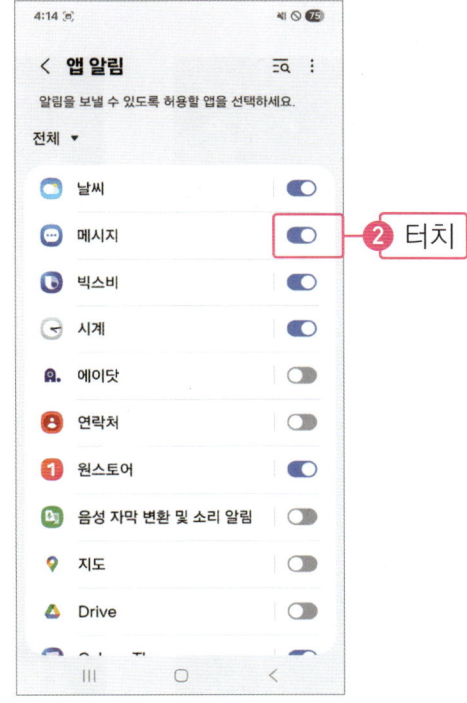

▶ 빠른 설정 창 사용하기

01 알림창을 아래로 슬라이드한 후 [빠른 설정 버튼] 영역에서 한 번 더 아래로 드래그합니다. 빠른 설정 창이 나타납니다.

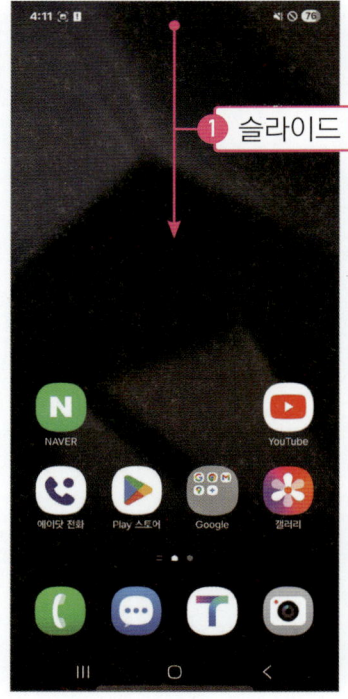  

02 빠른 설정 창에서 [세로] 버튼을 터치합니다. 버튼이 [자동 회전]으로 변경된 것을 확인한 후, 다시 버튼을 터치해 [세로]로 변경합니다.

 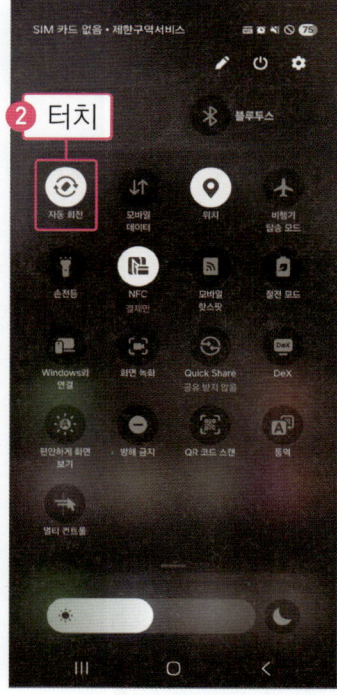 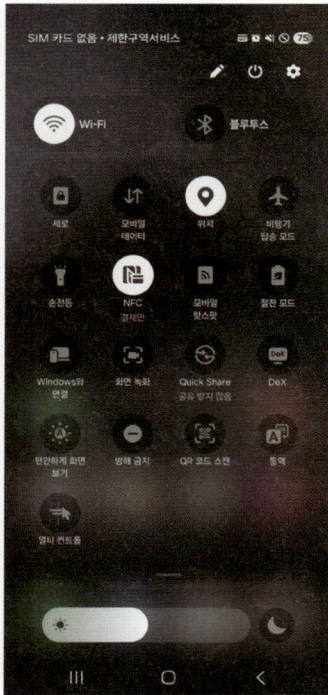

03 빠른 설정 창의 버튼 순서를 변경하기 위해 화면 상단의 ✎를 **터치**합니다. 편집 화면이 나타나면 [편집] 버튼을 **터치**합니다.

04 [추가 가능한 버튼] 영역에서 추가를 원하는 버튼을 **터치**합니다. 추가된 버튼을 확인한 후 [완료] 버튼을 **터치**합니다.

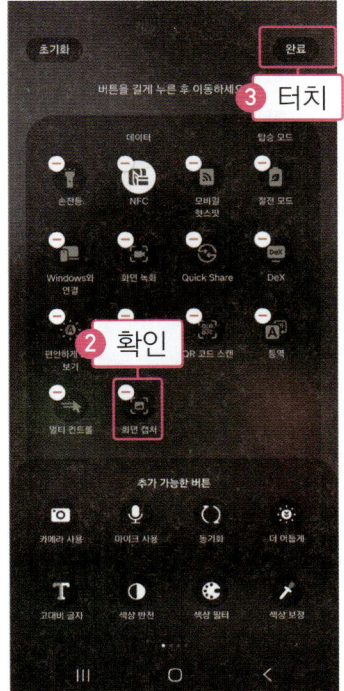

01 주말 아침 6시 30분에 알람이 울리도록 설정해 봅니다.

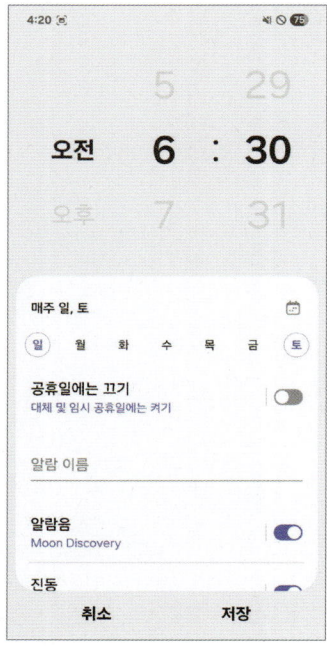

02 빠른 설정 창에서 '손전등'을 켜보고 '비행기 탑승 모드'로 설정해 봅니다.

05 통화하기와 연락처 관리하기

- 음성통화하기
- 영상통화하기
- 연락처 등록하기
- 단축번호 지정하기

미 / 리 / 보 / 기

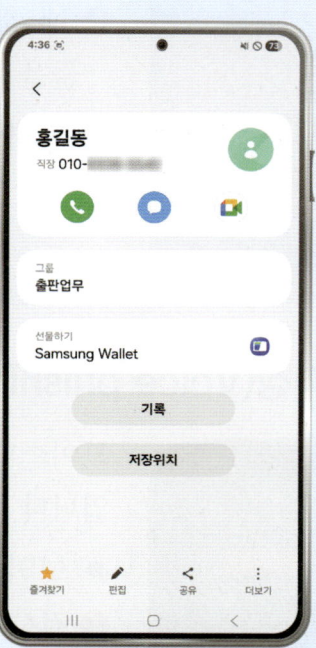

스마트폰의 다양한 기능 덕분에 여러 일을 처리할 수 있지만 제일 중요한 기능은 바로 전화입니다. 이번 장에서는 스마트폰을 이용해 전화를 걸거나 받는 방법과 연락처 등록 및 관리 방법에 대해 알아보겠습니다.

▶ 스마트폰 통화 화면

❶ 녹음 : 통화 내용을 녹음합니다.

❷ 영상통화 : 음성통화를 영상통화로 전환합니다.

❸ 블루투스 : 블루투스 이어폰이 연결되어 있다면 블루투스 이어폰으로 통화하도록 전환합니다.

❹ 스피커 : 기기와 떨어진 상태에서도 통화할 수 있도록 설정합니다. 설정 시 상대방의 소리가 커지므로 귀에 가까이 대고 사용하면 안 됩니다.

❺ 내 소리 차단 : 마이크 사용을 차단하여 상대방이 내 소리를 들을 수 없도록 설정합니다.

❻ 키패드 : 화면에 숫자 패드를 표시합니다.

▶ 보이스피싱(Voice phishing)

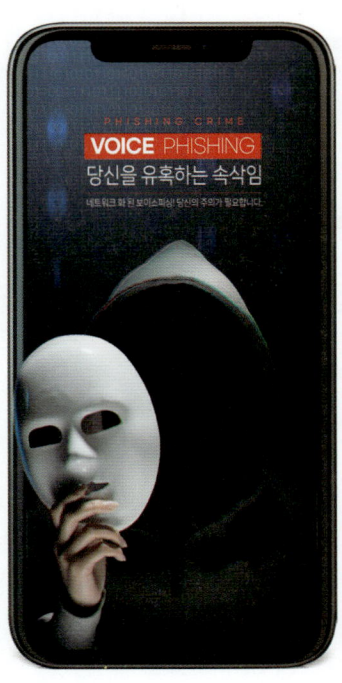

보이스피싱이란 기만행위로 타인의 재산을 편취하는 특수사기 범죄입니다.

■ 보이스피싱과 금융사기 예방법

❶ 검사 · 경찰 · 금감원에서는 010, 070으로 시작하는 번호로 개인에게 절대 전화를 걸지 않습니다.

❷ 정부기관은 어떠한 경우에도 개인정보 및 자금이체를 요구하지 않습니다.

❸ 친구나 가족, 정부기관을 사칭할 수 있으니 걸려온 통화나 메시지를 확인합니다.

❹ 지연이체 제도를 신청합니다. 송금 시 일정 시간 내에 이체를 취소할 수 있습니다.

❺ 현금을 이미 이체한 경우 신속하게 경찰(112) 또는 금융감독원(1332)으로 신고해 지급정지요청을 합니다.

▶ 연락처 관리

■ 연락처 등록하기

연락처에 연락망을 기록하고 업데이트할 수 있습니다. 또한, 전화번호는 물론 개인 정보나 사진 등도 등록할 수 있으며 단축번호도 설정할 수 있습니다.

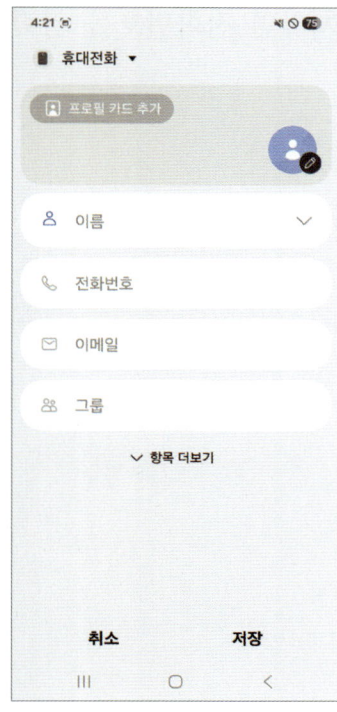 

■ 연락처 정보 저장 위치

연락처 저장 위치를 설정하면 추후 스마트폰을 교체하여도 어렵지 않게 새 기기로 연락처를 옮기고 보관할 수 있습니다.

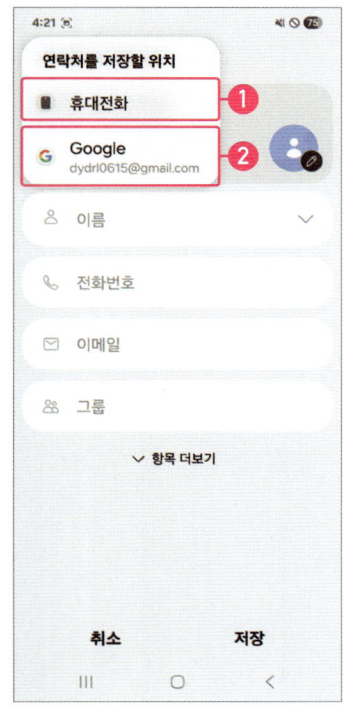

❶ 휴대전화 : 현재 단말기에만 저장되어 연락처 자동 이전 및 분실 시 복구가 불가능합니다.

❷ 구글 계정 : 안드로이드가 탑재된 제품으로 교체 시 계정 동기화로 연락처를 자동 이전할 수 있습니다.

▶ 전화 걸기

01 홈 화면에서 [전화(📞)] 앱을 터치해 실행합니다. [키패드] 탭을 터치하면 전화번호를 입력할 수 있는 키패드가 나타납니다.

02 상대방의 전화번호를 입력한 후 [통화(📞)] 버튼을 터치하여 전화를 겁니다. 통화를 종료하기 위해 [종료(📞)] 버튼을 터치합니다.

03 영상통화를 하기 위해 **전화번호를 입력**한 후, **[영상통화(**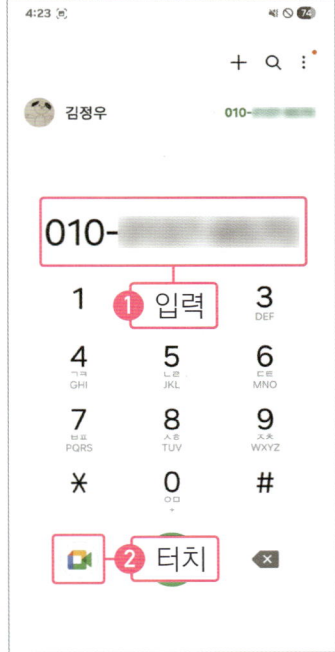**)] 버튼을 터치**합니다. 통화를 종료하기 위해 **[종료(****)] 버튼을 터치**합니다.

04 **[최근기록] 탭을 터치**하면 가장 최근의 부재중 전화를 포함한 수발신된 모든 통화 목록이 나타납니다. 전화를 걸고 싶은 **번호를 오른쪽으로 드래그**하여 전화를 겁니다.

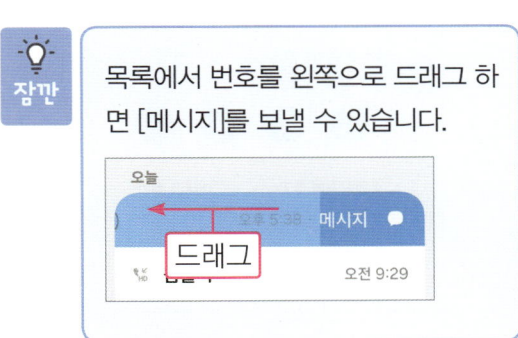

목록에서 번호를 왼쪽으로 드래그 하면 [메시지]를 보낼 수 있습니다.

05 [종료()] 버튼을 터치하여 통화를 종료한 후 이번에는 [연락처] 탭을 터치합니다. 연락처 목록이 나타나면 전화를 걸고 싶은 상대방 번호를 **오른쪽으로 드래그**하여 전화를 겁니다. [종료()] 버튼을 터치하여 통화를 종료합니다.

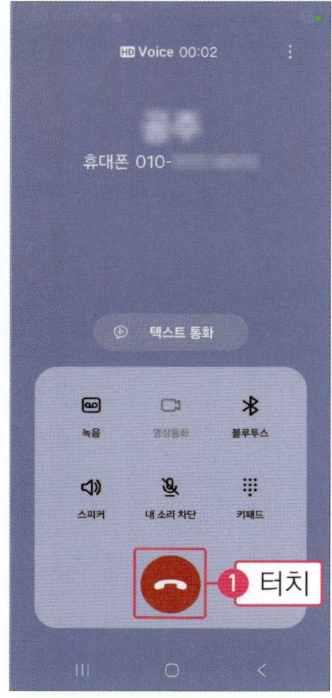
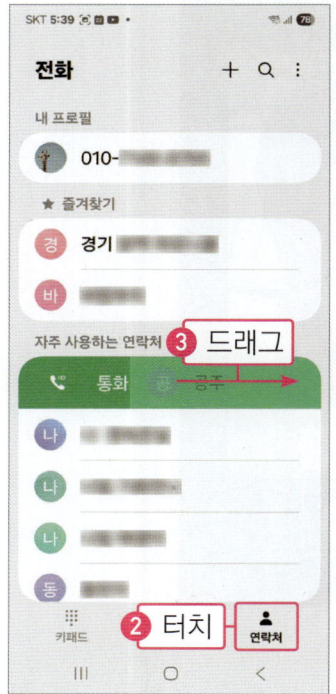

잠깐

[최근기록] 탭 상세보기

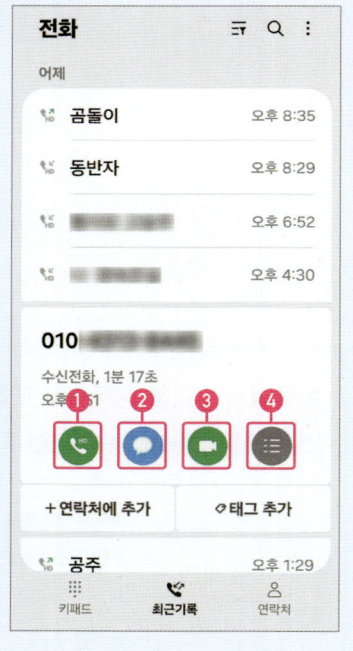

1 전화 : 해당 연락처로 전화를 겁니다.
2 메시지 : 해당 연락처로 메시지를 전송합니다.
3 영상통화 : 해당 연락처로 영상통화를 겁니다.
4 상세정보 및 연락처 편집 : 해당 연락처의 정보를 확인하고 수정합니다.

▶ 전화 받기

01 걸려오는 전화를 받기 위해서는 수신 화면에서 [**통화(**📞**)**] 버튼을 드래그합니다. 전화를 받지 않으려면 [**종료(**📵**)**] 버튼을 드래그합니다. 통화를 마치면 [**종료(**📵**)**] 버튼을 터치합니다.

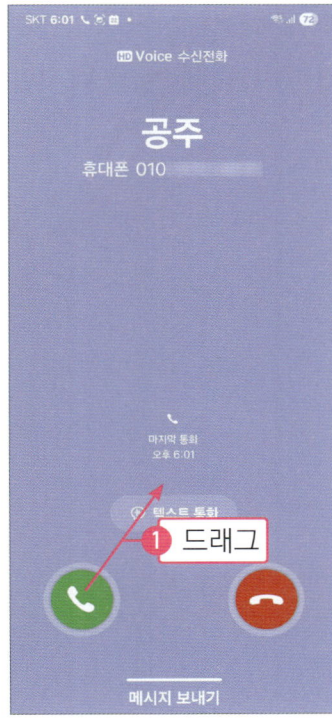 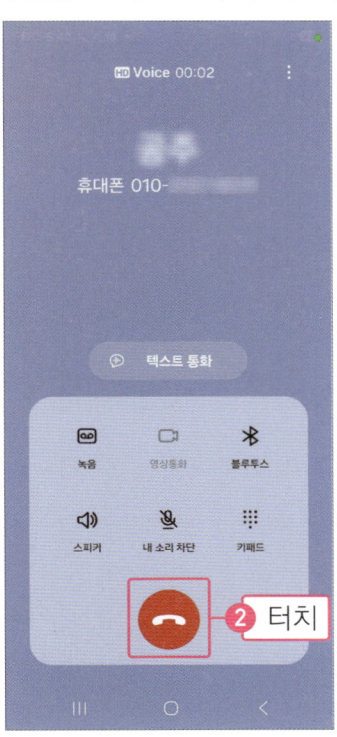

02 전화 통화를 할 수 없을 때 거절 메시지를 보내기 위해 [**텍스트로 전화 받기**]를 터치한 후 **거절 메시지를 선택**하여 메시지를 보내고 통화를 거절합니다.

 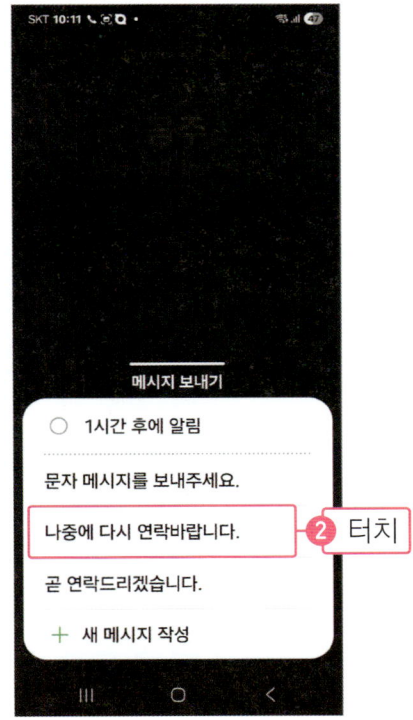

▶ 연락처 등록 및 삭제하기

01 앱스 화면에서 [연락처()] 앱을 터치해 실행합니다. 연락처를 추가하기 위해 ⊞를 터치합니다.

02 상대방 정보를 입력할 수 있는 항목들이 나타납니다. [이름]을 입력하고 ▽를 터치한 후 경칭이나 호칭 등도 입력합니다. 없으면 생략합니다.

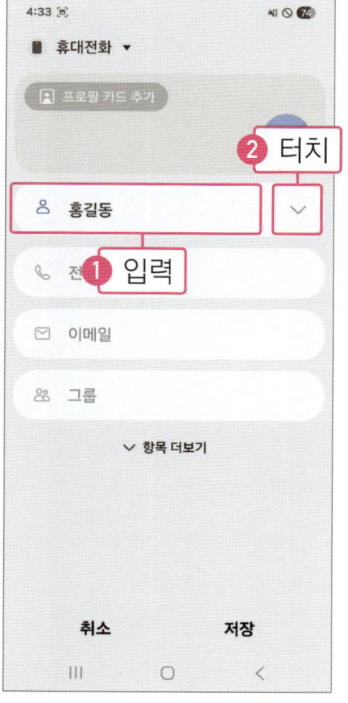
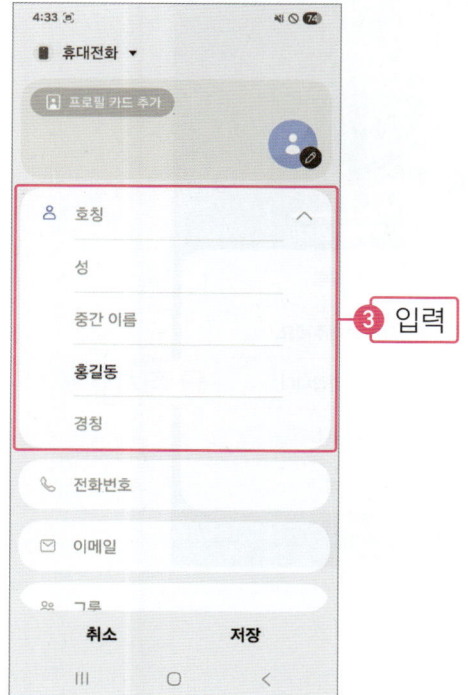

03 [전화번호]를 입력한 후 입력한 번호의 유형을 정하기 위해 [휴대전화]를 터치합니다. 전화
번호 유형 선택 창에서 [직장]을 선택합니다.

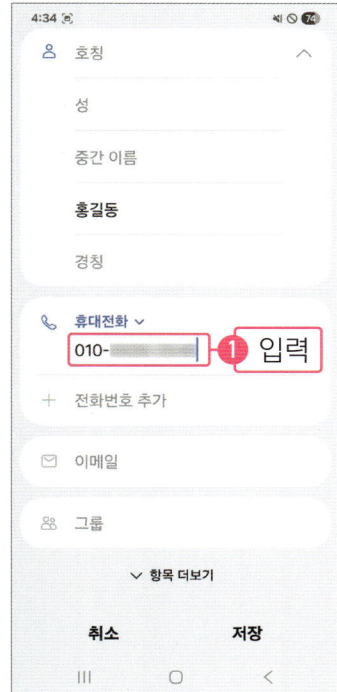 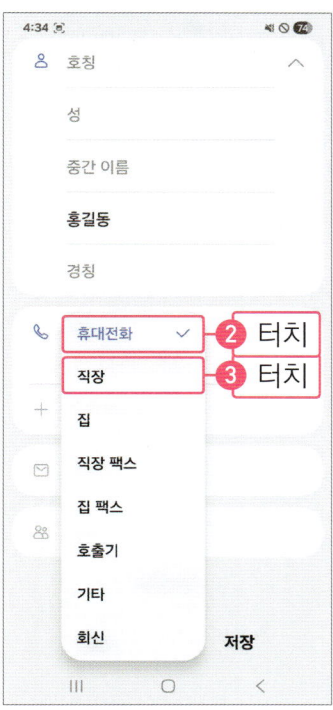

04 연락처 그룹을 지정하기 위해 [그룹]을 터치합니다. 그룹 선택 화면이 나타나면 [그룹 추
가]를 터치합니다.

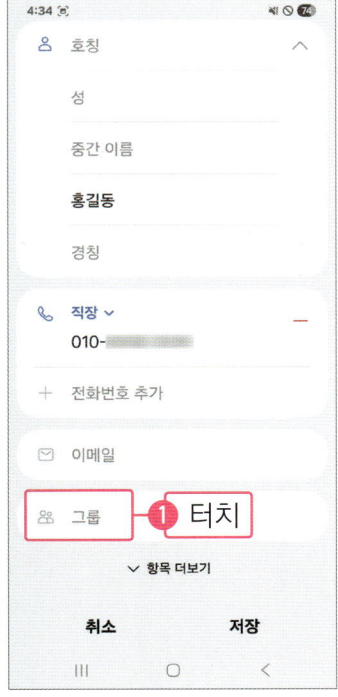 

05 [그룹 추가] 창에 **이름을 입력**한 후, **[추가]를 터치**합니다. 그룹 선택 화면에 새로운 그룹이 생성된 것을 확인할 수 있습니다. ⟨ 을 **터치**합니다.

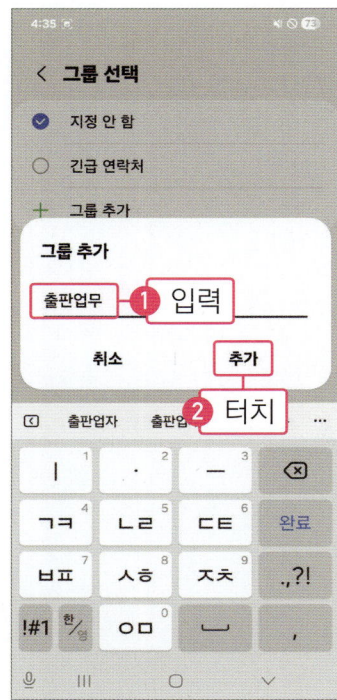
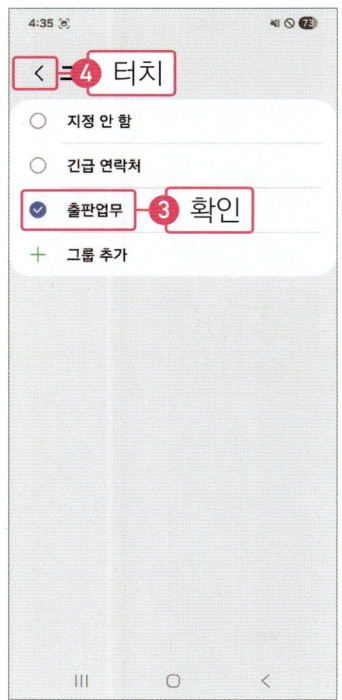

06 입력한 정보를 확인한 후 **[저장]을 터치**합니다. 입력한 번호가 연락처에 추가되었습니다.

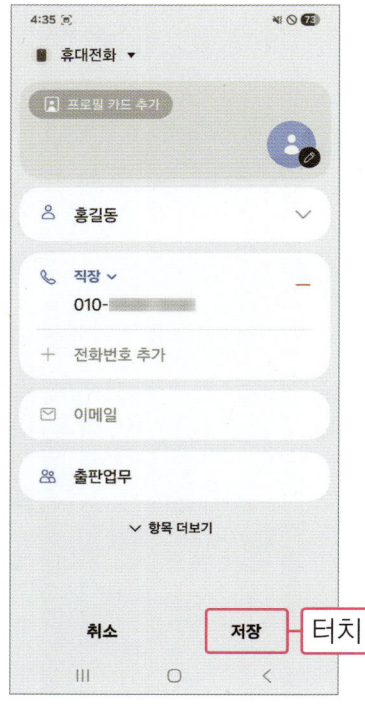
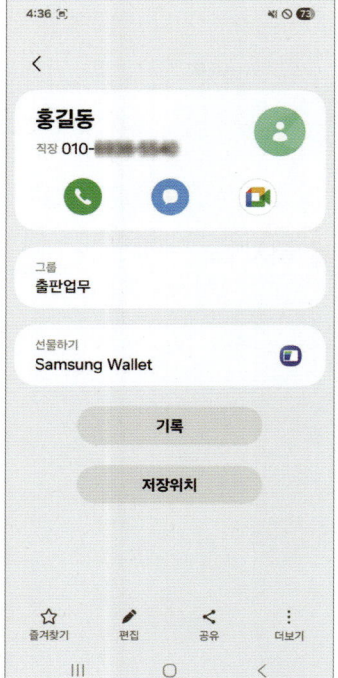

07 화면 하단의 [즐겨찾기(⭐)]를 터치한 후 〈을 터치합니다. 즐겨찾기에 등록한 번호는 연락처 화면에서 [즐겨찾기] 영역으로 분류되어 쉽게 찾을 수 있습니다.

08 연락처를 삭제하려면 **연락처 화면에서 삭제를 원하는 연락처를 길게 터치**합니다. 추가로 삭제하고 싶은 연락처가 있다면 **모두 선택한 후 하단의 [삭제]를 터치**합니다. 삭제 확인 창이 나타나면 [휴지통으로 이동]을 터치합니다.

▶ [최근기록] 탭에서 연락처 관리하기

01 홈 화면에서 [전화(C)] 앱을 터치해 실행하고 [최근기록] 탭을 터치합니다. 최근기록 중 삭제하고 싶은 기록을 길게 터치한 후 [삭제]를 터치합니다.

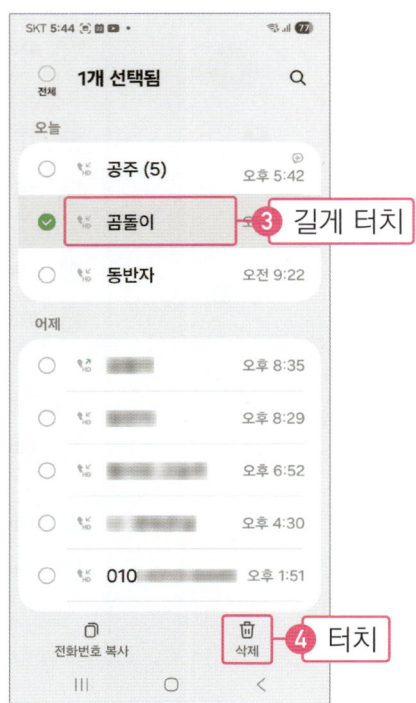

02 [최근기록] 탭에서 번호를 저장하기 위해 **저장을 원하는 연락처를 터치**한 후 [연락처에 추가]를 터치합니다. 연락처에 추가 창이 나타나면 [새 연락처 등록]을 터치합니다. 연락처 등록 화면이 나타나고 연락처를 추가할 수 있습니다.

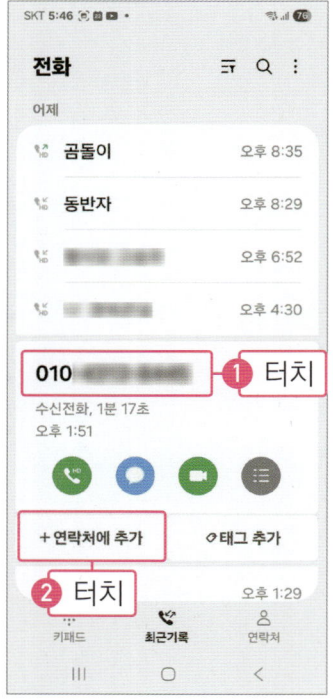
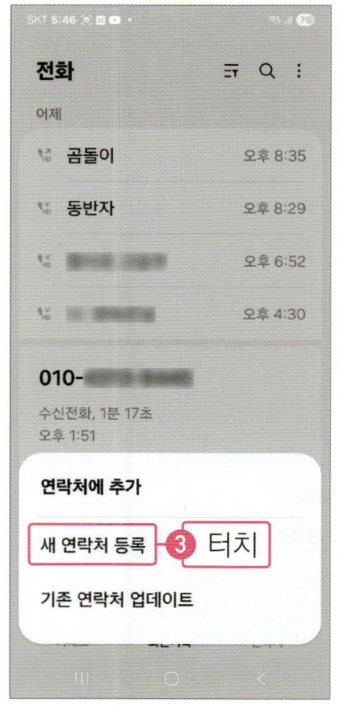
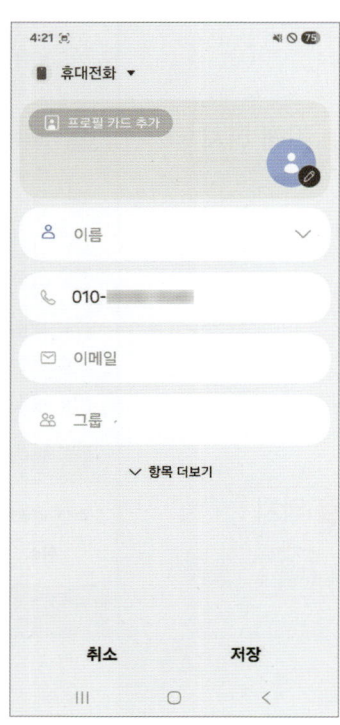

▶ [키패드] 탭에서 단축번호 등록하기

01 [키패드] 탭을 터치합니다. ⋮를 터치한 후 확장 메뉴에서 [단축번호]를 터치합니다.

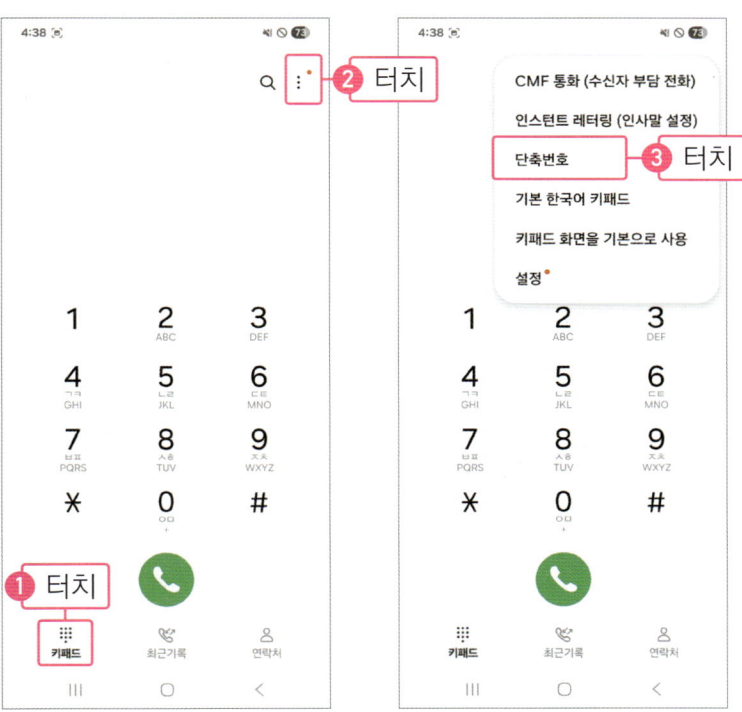

02 단축번호를 지정하고 이름을 입력한 후 저장된 **연락처**를 선택합니다.

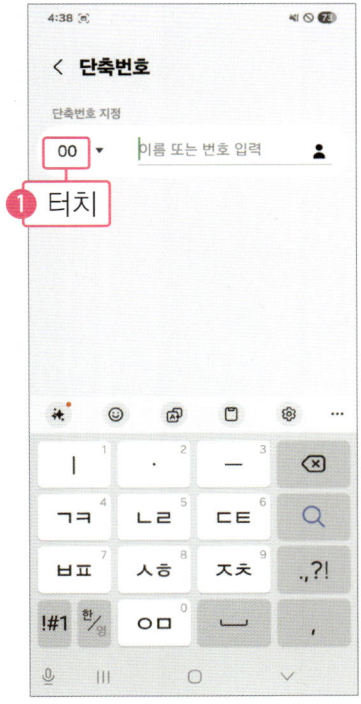
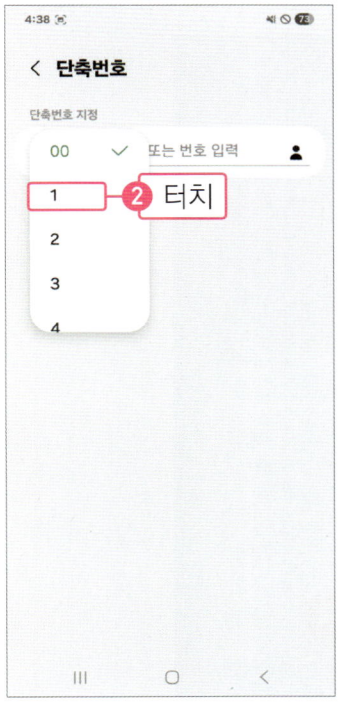
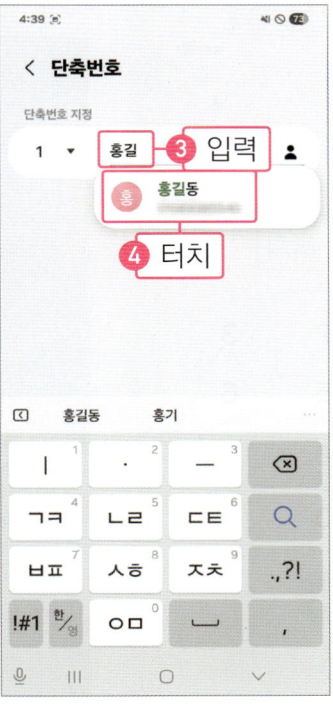

 잠깐 🔲를 터치하면 연락처 화면에서 직접 연락처를 선택할 수 있습니다.

03 추가로 단축번호를 지정하기 위해 단축번호 목록에서 **다른 번호를 선택**하고 **전화번호를 입**
력한 후 **저장된 연락처를 선택**합니다. 지정이 완료되면 〈을 터치합니다.

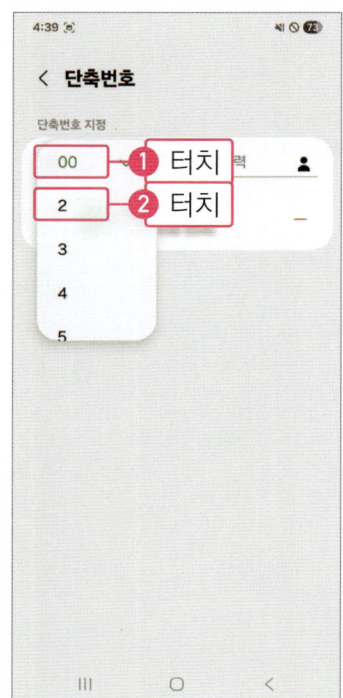

04 **[키패드] 탭을 터치**한 후 지정한 **단축번호를 길게 터치**합니다. 등록한 전화번호로 전화가
연결되는 것을 확인합니다.

01 연락처에 '시대인'을 추가합니다. 다음과 같이 전화번호, 주소, 웹 사이트 주소를 입력하고 즐겨찾기로 등록해 봅니다.

 시대인 연락처는 'www.sidaegosi.com' 사이트에서 찾을 수 있습니다.

02 [전화(C)] 앱에서 등록한 '시대인'의 단축번호를 '3'으로 지정해 봅니다.

 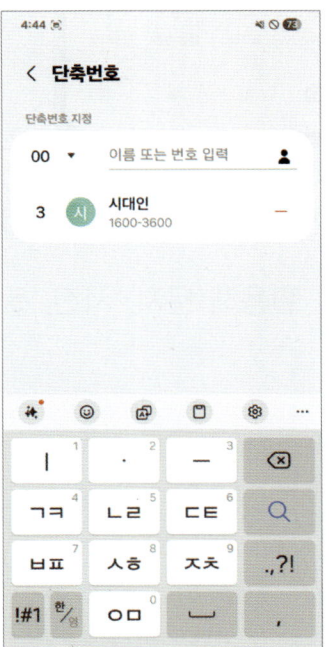

06 메시지로 연락하기

- 메시지 전송하기
- 카테고리 분류하기
- 사진, 동영상, 음성 전송하기
- 연락처, 위치 공유하기

미/리/보/기

메시지는 대화뿐만 아니라 연락처를 공유하거나 사진 및 동영상 등을 전송하는 것도 가능합니다. 이번 장에서는 메시지를 활용해 문자, 사진, 동영상, 연락처, 지도 등을 전송하는 방법에 대해서 알아보겠습니다.

▶ 메시지 앱 화면 구성

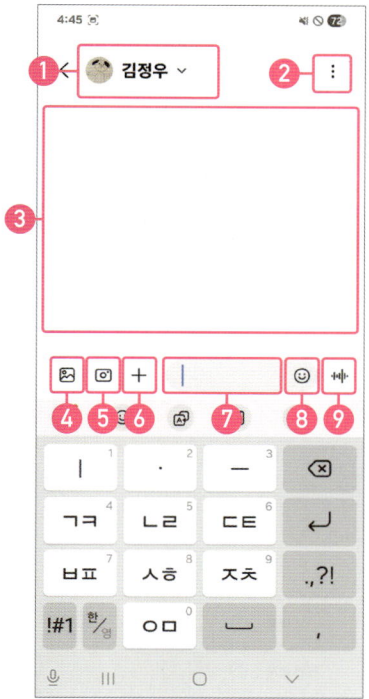

① **받는사람** : 전화번호나 연락처에 등록된 이름을 입력합니다.

② **설정** : 현재 대화방의 알림음을 설정하거나 메시지를 검색 및 삭제합니다.

③ **메시지 내용** : 주고받은 메시지 내용이 표시됩니다.

④ **갤러리** : 단말기에 저장된 사진이나 동영상을 선택해 전송합니다.

⑤ **카메라** : 사진을 촬영하여 바로 전송합니다.

⑥ **첨부 파일 추가** : 연락처나 기타 문서 파일 등을 전송합니다.

⑦ **내용 입력** : 문자 메시지를 입력하는 란입니다.

⑧ **이모티콘** : 이모티콘을 선택하여 전송합니다.

⑨ **음성 녹음** : 음성을 녹음하여 전송합니다.

▶ 첨부 파일 종류

① **Wallet 선물** : Samsung Wallet이라는 모바일 결제 수단을 이용해 상대방에게 상품권 등을 전송합니다(삼성 스마트폰에서만 사용 가능합니다).

② **메시지 예약** : 메시지를 특정 시간에 전송하도록 예약합니다.

③ **빠른 응답 문구** : 미리 저장된 메시지 중 하나를 선택해 전송합니다.

④ **위치** : 현재 자신의 위치를 상대방에게 전송합니다.

⑤ **이미지** : 단말기에 저장된 사진, 동영상, 파일 등을 전송합니다.

⑥ **연락처** : 단말기에 저장된 연락처를 상대방에게 공유합니다.

⑦ **캘린더** : 일정 중 하나를 상대방에게 보낼 수 있습니다.

⑧ **음성 녹음** : 음성을 녹음하여 전송합니다.

▶ 1:1 메시지 보내기

01 홈 화면에서 [메시지(💬)] 앱을 터치해 실행합니다. 새 메시지를 작성하기 위해 하단의 🔲 을 터치합니다. 메시지 종류 선택 화면이 나타나고 [1:1 대화]를 터치합니다.

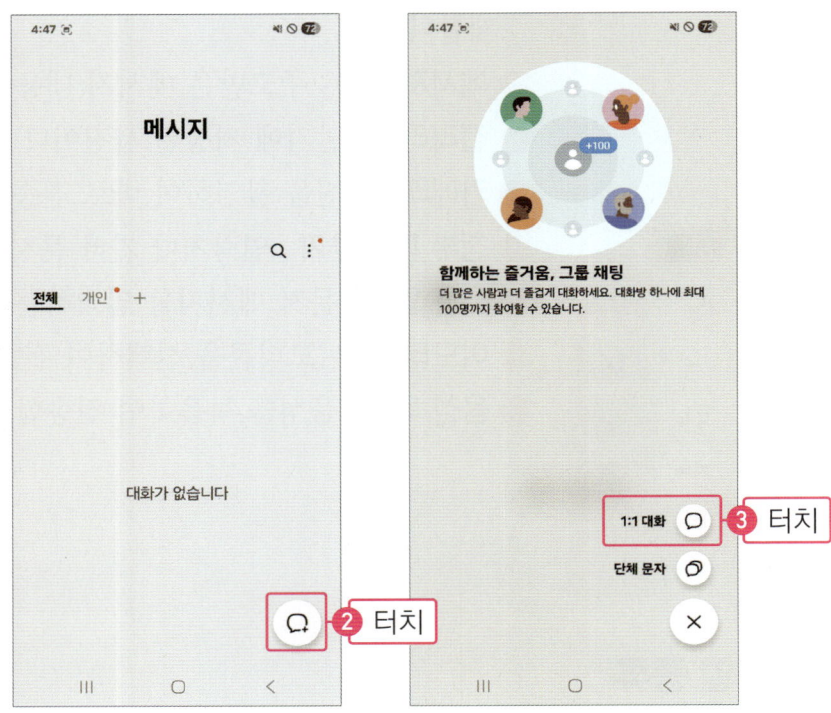

02 대화 멤버 선택 화면에서 **전화번호나 연락처에 등록한 이름을 입력**하고 **연락처를 선택**합니다. 전송할 메시지를 입력하고 🔷을 터치합니다.

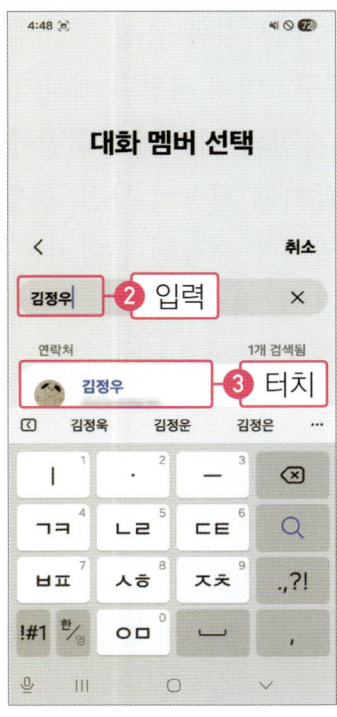

▶ 단체 메시지 보내기

01 홈 화면에서 [메시지(💬)] 앱을 터치해 실행합니다. 새 메시지를 작성하기 위해 💬를 터치합니다. 메시지 종류 선택 화면이 나타나고 [단체 문자]를 터치합니다.

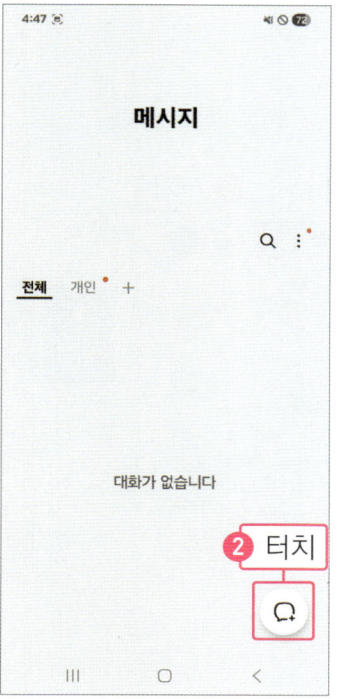

02 새 단체 문자 화면에서 전화번호나 연락처에 등록한 이름을 입력하고 문자를 보낼 수신인을 터치합니다.

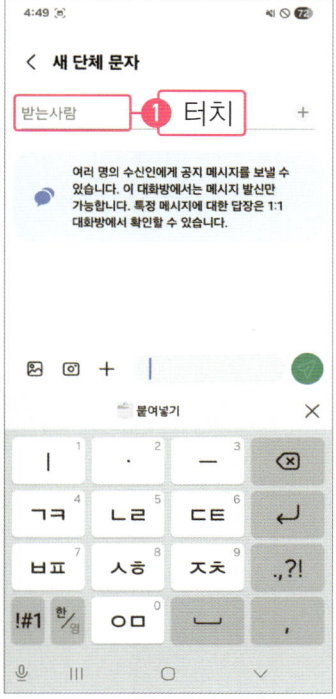

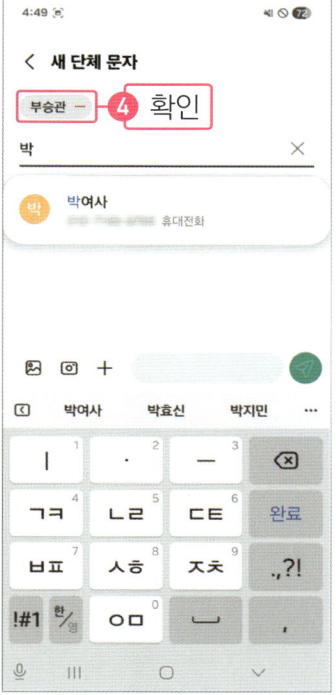

 잠깐 수신인을 잘못 추가했다면 ➖를 터치해 목록에서 제외합니다.

03 새 단체 문자 화면 하단에 **전송할 메시지를 입력**하고 을 터치합니다.

 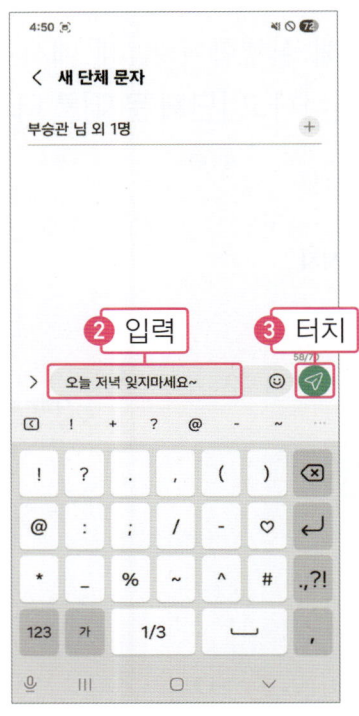

> [단체 문자]는 여러 사람이 모여 문자를 주고받는 [단체 대화방]과는 다르게 내가 보낸 메시지가 여러 사람에게 개인 메시지로 수신됩니다.

▶ 대화 목록 카테고리 만들기

01 [메뉴] 탭에서 ⊞를 **터치**합니다. 메시지 화면에 카테고리 추가 창이 나타나고 **카테고리 이름을 입력**한 후 [추가]를 **터치**합니다.

 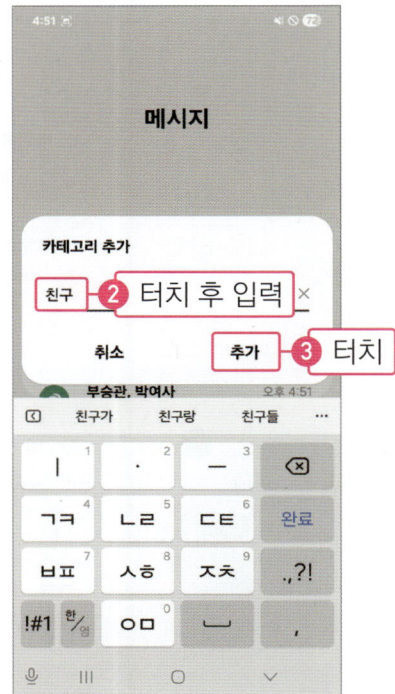

02 이어서 대화 선택 화면의 [검색] 란을 터치해 상대의 이름을 입력하고 검색된 메시지를 터치합니다. 같은 방법으로 대화 상대를 추가한 후 [완료]를 터치합니다.

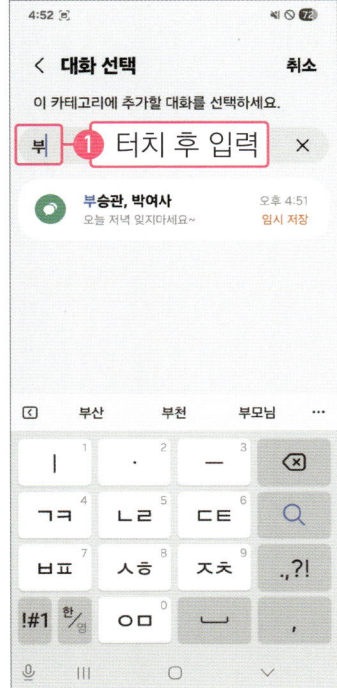 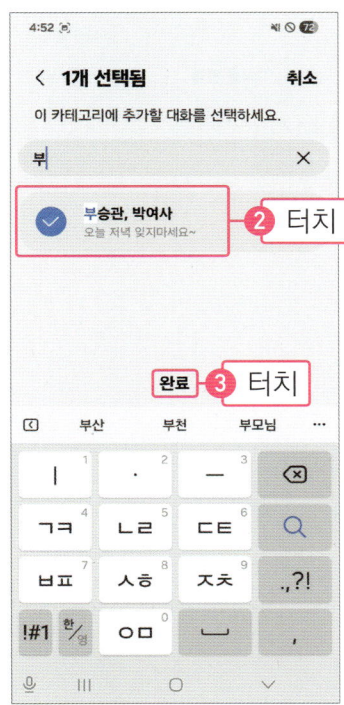

 [대화] 카테고리를 만들기 위해서는 메시지를 주고 받은 대화 내용이 있어야 합니다.

03 추가한 카테고리를 수정하기 위해 ⋮를 터치하고 확장 메뉴에서 [카테고리 편집]을 터치합니다.

 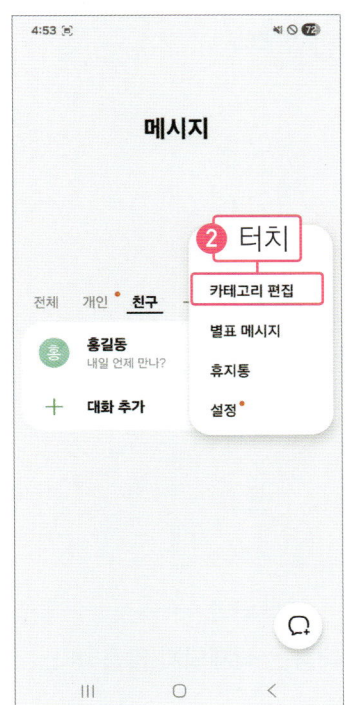

04 대화 상대를 삭제하기 위해 대화 카테고리 화면이 나타나면 [표시할 카테고리] 영역에 [친구]를 터치합니다. 연락처 이름 옆의 ➖를 터치하고 ⟨을 터치합니다.

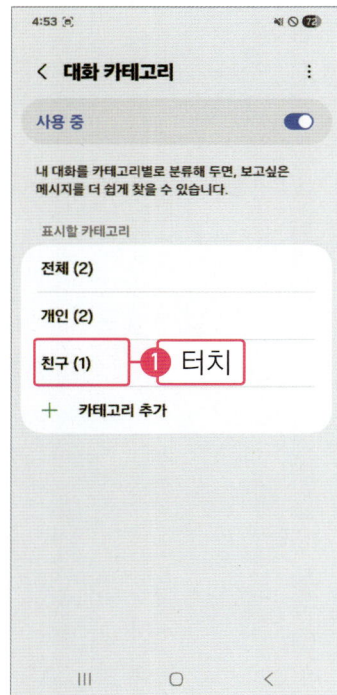 

05 추가한 카테고리를 삭제하기 위해 대화 카테고리 화면의 ⋮을 터치합니다. 이어서 [표시할 카테고리] 영역의 [친구]를 선택한 후 [삭제]를 터치해 카테고리를 삭제합니다.

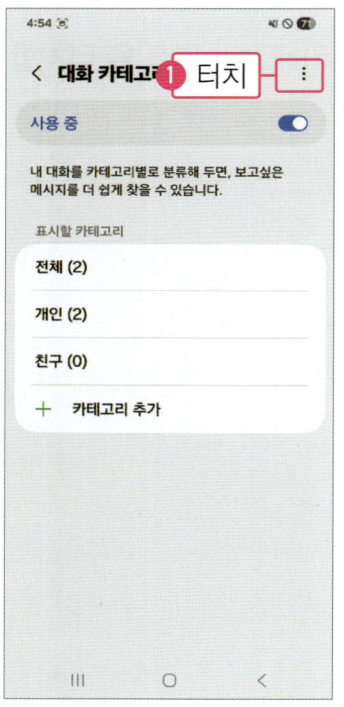 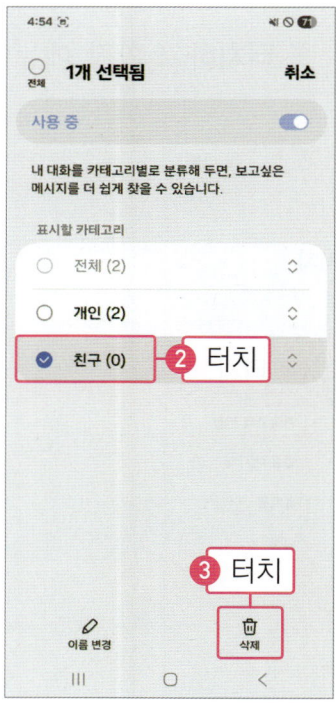

 카테고리를 삭제하더라도 연락처와 대화 내용은 삭제되지 않습니다.

01 [메시지(💬)] 앱의 대화 화면에서 🖼을 터치합니다. [갤러리(🌸)] 앱의 사진 목록이 하단에 나타납니다.

 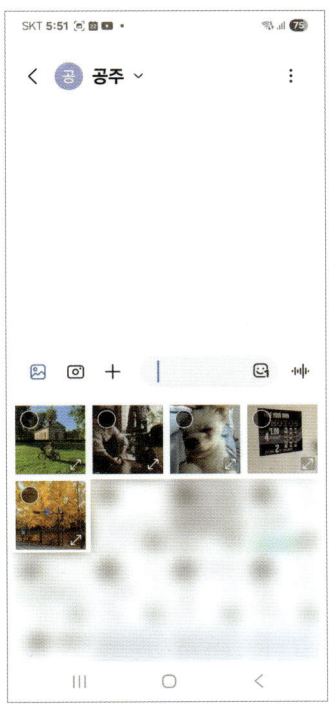

02 상대방에게 전송할 사진이나 동영상을 선택하고 ✈을 터치하여 전송합니다.

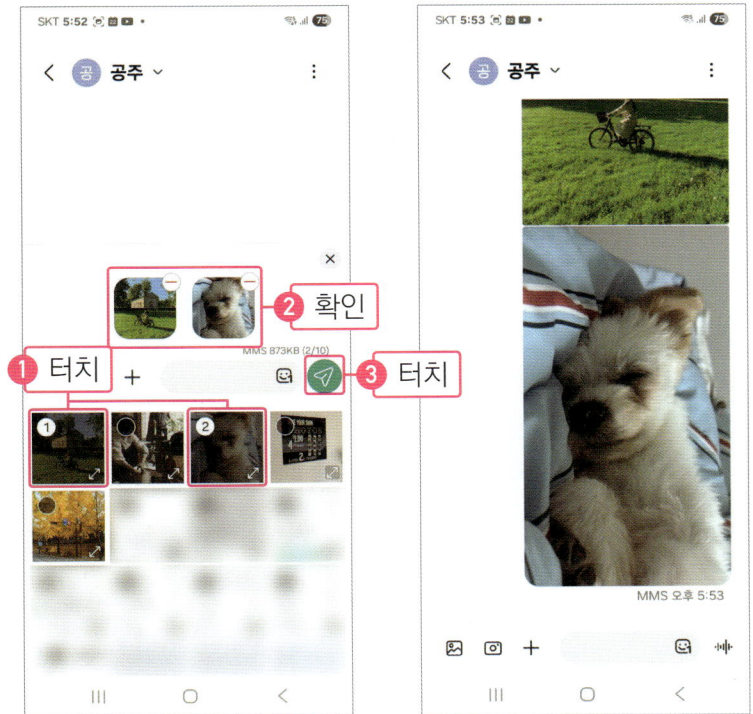

잠깐 카메라 아이콘을 터치하면 사진 또는 동영상을 즉시 촬영하여 바로 전송할 수 있습니다.

03 내 목소리를 녹음하여 메시지로 전송하기 위해 대화 화면에서 ⫴을 **터치**한 후 녹음을 시작합니다.

04 녹음이 완료되면 손가락을 떼고 ◹을 **터치**합니다.

 ⊞를 터치한 후 [음성 녹음]을 터치하여 음성 메시지를 보낼 수도 있으며, [오디오]를 터치해 이미 녹음이 완료된 음성 메시지를 보낼 수도 있습니다.

▶ 연락처와 지도 보내기

01 연락처를 보내기 위해 [메시지 입력] 란의 [+]를 터치한 후 [연락처]를 선택합니다. 전송할 연락처를 선택하고 [완료]를 터치합니다.

 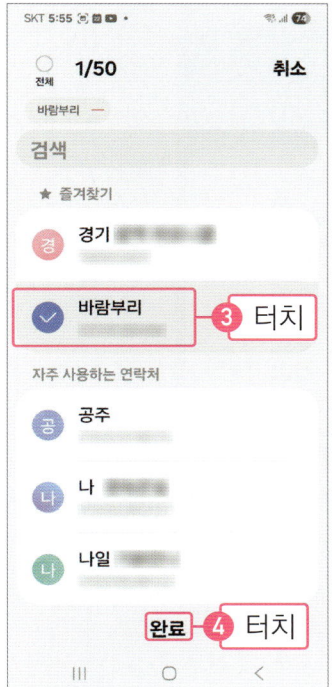

02 연락처 공유 형식 창이 나타나면 [연락처 파일(VCF)]을 선택하고 을 터치합니다.

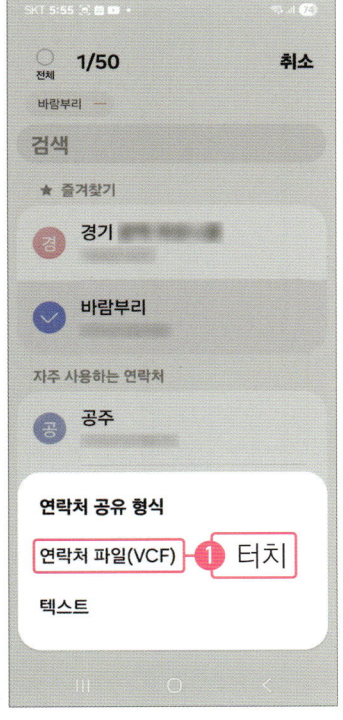 

연락처 파일(VCF)과 텍스트
텍스트는 메시지를 작성하여 보내는 것처럼 문자로 전송됩니다. 파일은 특정 형식으로 코드화되어 보내지기 때문에 수신인의 스마트폰이 같은 제조사라면 바로 연락처에 등록할 수 있습니다.

03 지도를 전송하기 위해 [메시지 입력] 란의 ➕를 터치한 후 [위치]를 선택합니다. 위치 정보 창이 나타나면 [앱 사용 중에만 허용]을 터치합니다.

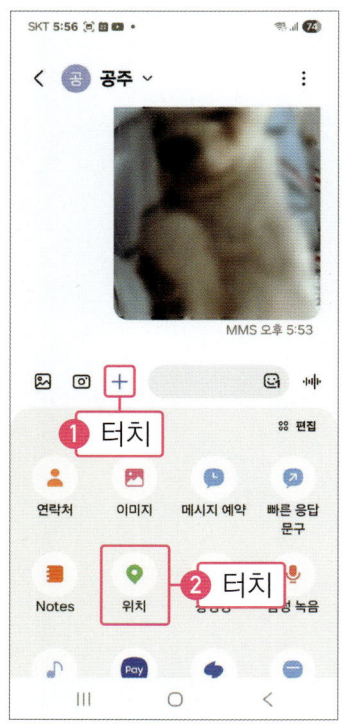 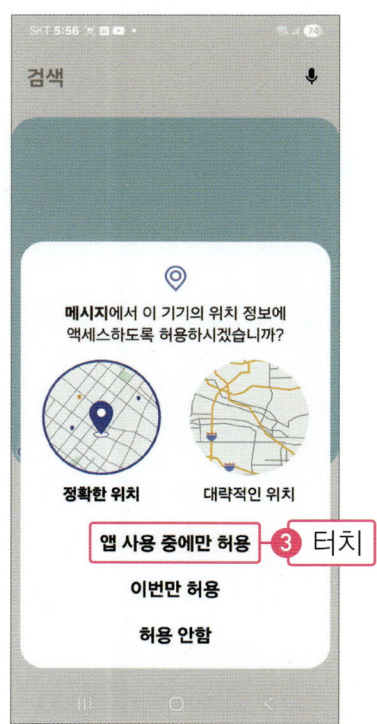

04 이어서 [지도 검색] 란에 '광명역'을 입력하고 🔍을 터치합니다. 검색이 완료되면 위치를 확인한 후 [완료]를 터치합니다.

05 메시지 내용을 입력하고 을 터치하여 메시지를 전송합니다.

내 위치를 전송하려면 빠른 설정 창에서 [위치(◉)] 설정을 활성화한 후, [내 위치(◉)]를 터치하면 정확한 내 위치가 검색되어 전송할 수 있습니다.

응용력 키우기

01 [메시지(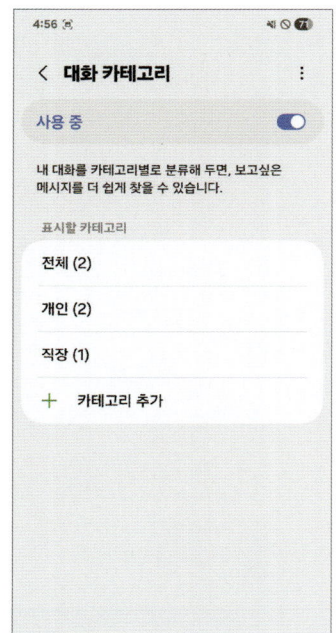)] 앱의 카테고리에 [직장] 카테고리를 만들고 동료를 추가해 봅니다.

02 친구 목록 중 한 명을 선택한 후 자신의 위치를 전송해 봅니다.

07 개인 정보 보호 및 스팸 차단하기

- 화면 잠금 설정하기
- 거절 메시지 보내기
- 광고 차단하기
- 방해 금지 설정하기

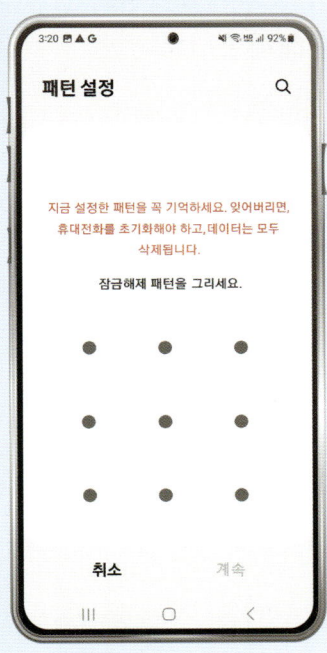

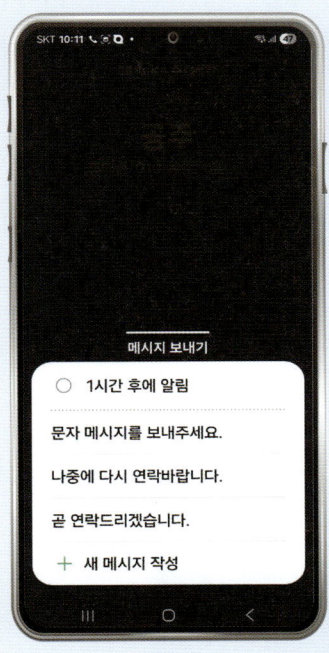

스마트폰은 분실 위험이 높고 원치 않게 개인 정보가 타인에게 노출되기도 합니다. 또한 각종 알림 및 광고성 전화 등은 평온한 일상을 해치기도 합니다. 이번 장에서는 스마트폰의 화면 잠금을 설정해 개인 정보 노출을 막고 전화나 알람 등을 차단하는 방법에 대해서 알아보겠습니다.

▶ 화면 잠금

스마트폰에는 연락처 외에도 사진을 비롯하여 외부로 유출되어서는 안 되는 개인 정보들이 있을 수 있습니다. 안전하게 지키기 위해 본인 이외의 타인이 사용할 수 없도록 잠가두는 게 좋습니다.

■ 화면 잠금 방식
❶ PIN(숫자) : 4자리 이상의 숫자를 설정하여 암호화합니다.
❷ 비밀번호(영문+숫자) : 문자, 숫자, 특수문자로 조합된 비밀번호를 설정하여 암호화합니다.
❸ 패턴 : 4개 이상의 점으로 패턴을 만들어 암호화합니다.
❹ 드래그 : 잠금화면을 드래그하여 잠금을 해제합니다.
❺ 설정 안 함 : 단말기의 보안을 설정하지 않습니다.
❻ 얼굴 인식 : 단말기에 얼굴을 인식시켜 암호화하는 방식입니다.
❼ 지문 : 단말기에 지문을 인식시켜 암호화하는 방식입니다.

▲ 패턴 잠금

▲ PIN 잠금

▶ 수신 거부

때와 장소에 따라 전화나 메시지, 알람 등을 수신하지 않거나, 광고성 문자 및 전화를 차단하고 싶은 경우가 많습니다. 사용자가 필요에 따라 연락을 거절하는 방법에 대해 알아보겠습니다.

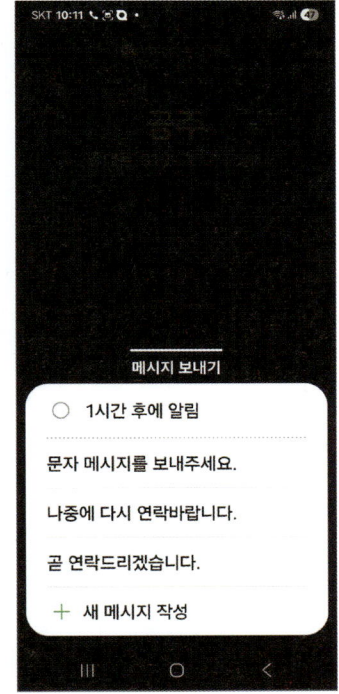

▲ 리마인더

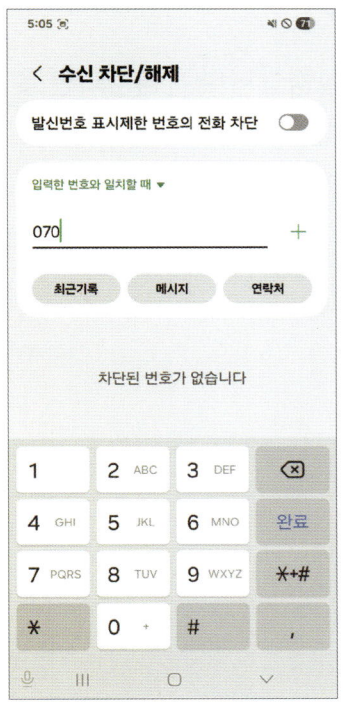

▲ 수신 차단

▲ 방해 금지 모드

❶ 거절 메시지 보내기(리마인더)

당장 전화 통화를 할 수 없는 상황일 경우에 사용합니다. 문자로 정중한 거절 메시지를 보내 '사정이 있어 당장 통화를 하지 못하니 차후 다시 연락을 하겠습니다.'라는 의미로 사용합니다. 또한 사용자가 직접 메시지를 작성해 저장할 수도 있습니다.

❷ 특정 번호 차단하기(수신 차단)

특정 번호로 수신되는 불필요한 광고성 전화와 위험한 사기성 문자를 사전에 차단하여 연락을 받지 않도록 합니다.

❸ 방해 금지 모드

업무 및 수면 시간에 울리는 전화나 각종 알림을 무음 처리합니다. 방해 금지를 실행하면 수동으로 모든 알림을 차단할 수 있습니다. 사용자가 다시 해제 하면 방해 금지 시간에 수신한 모든 전화, 문자, 알림을 한 번에 보여줍니다.

▶ 패턴과 PIN 설정하여 화면 잠그기

01 홈 화면에서 [설정(⚙)] 앱을 터치해 실행합니다. [잠금화면 및 AOD]를 터치한 후 [화면 잠금 및 생체 인식]을 터치합니다.

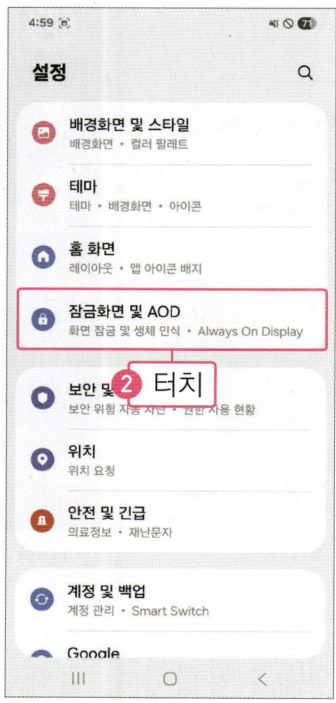
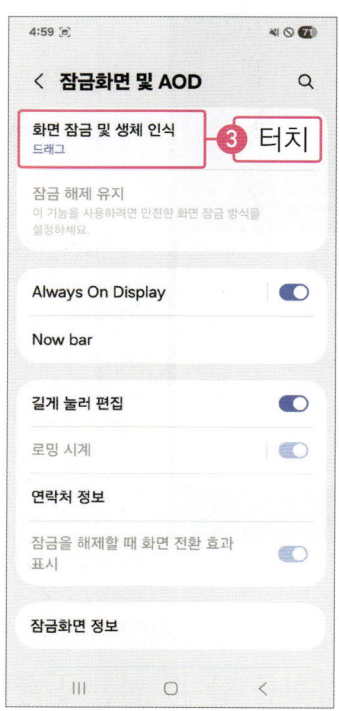

02 이어서 [패턴]을 선택한 후 패턴 설정 화면이 나타나면 원하는 모양으로 점을 드래그하여 하나의 선을 만듭니다. 패턴을 완성하면 [계속]을 터치합니다.

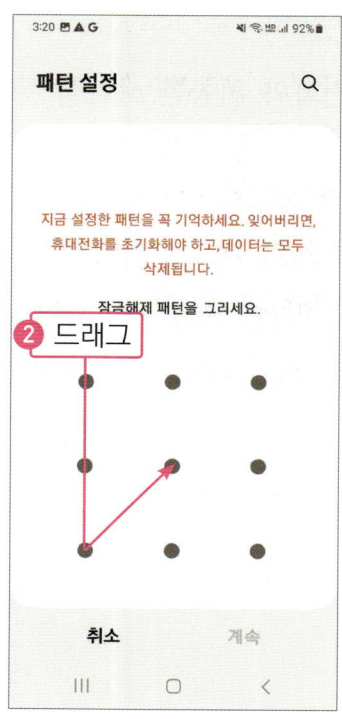
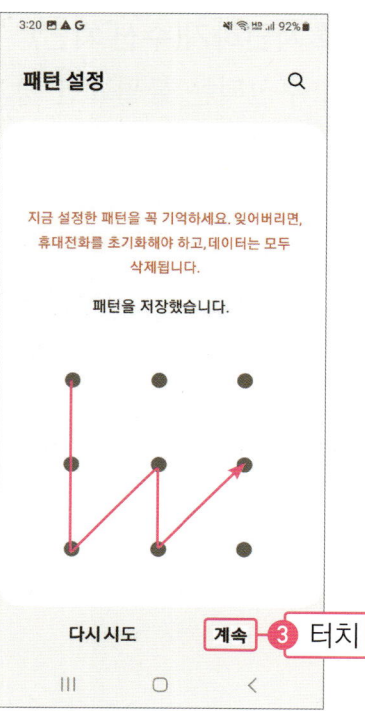

03 한 번 더 **똑같은 패턴을 드래그**하고 [확인]을 터치합니다. 패턴 힌트 화면이 나타나면 **힌트를 입력**한 후 [확인]을 터치합니다. **전원 버튼을 눌러 화면을 끕니다.**

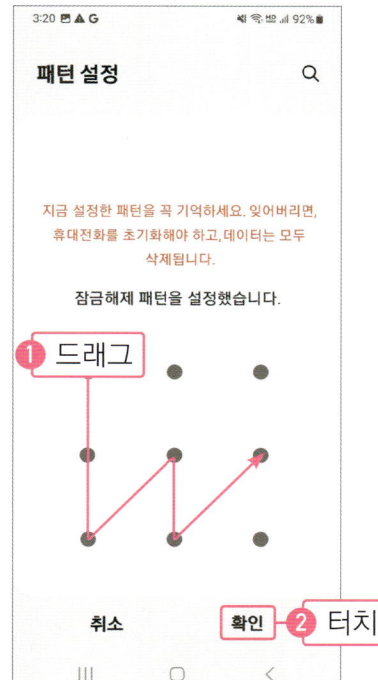

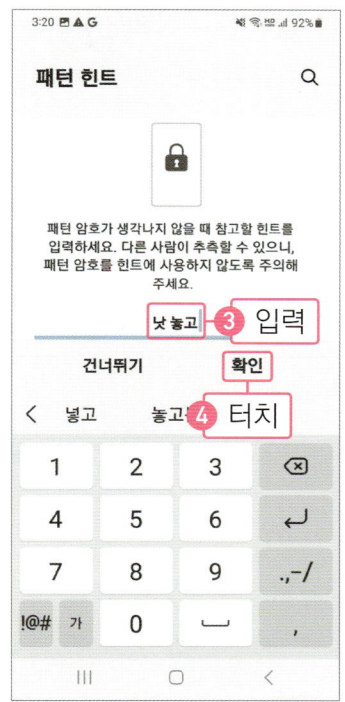

 잠깐 동일한 패턴을 입력하지 않으면 패턴이 저장되지 않습니다.

04 다시 **전원 버튼을 눌러** 잠금화면이 나타나면 **화면을 위로 슬라이드**합니다. 잠금 해제 화면에서 설정한 **패턴을 드래그**하여 잠금을 해제합니다.

05 이번에는 보안 강도가 높은 PIN을 설정하기 위해 화면 잠금 방식 화면에서 [PIN]을 선택합니다. PIN 설정 화면이 나타나면 4자리 이상의 숫자로 **PIN 암호를 입력**하고 [계속]을 터치합니다. 한 번 더 똑같은 **PIN 암호를 입력**한 후 [확인]을 터치합니다.

 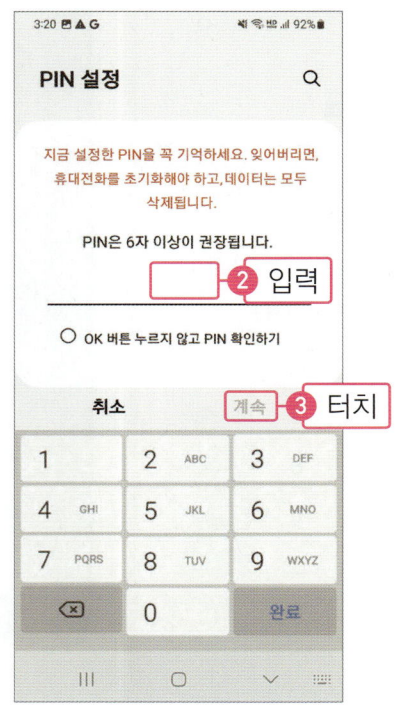 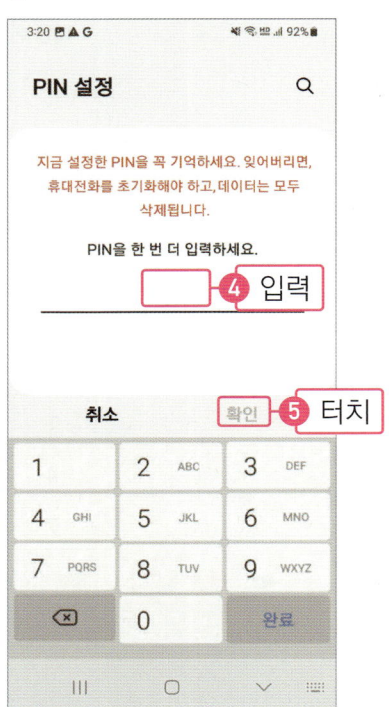

06 이어서 PIN 힌트 화면에 **힌트를 입력**하고 [확인]을 터치합니다. **화면을 껐다 켠** 후, 잠금화면이 나타나면 **화면을 위로 슬라이드**합니다. 잠금해제 화면이 PIN 화면으로 변경된 것을 확인할 수 있습니다.

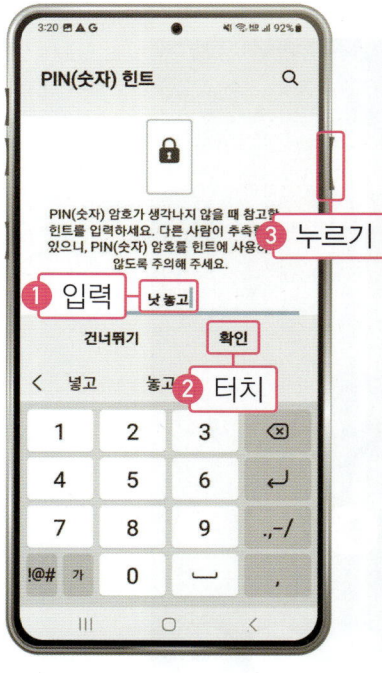  

 **연락 거부하기**

▶ 거절 메시지 보내기

01 전화 수신 화면에서 [메시지 보내기]를 위로 드래그합니다. 메시지 중 하나를 터치합니다. 전화는 종료되고 거절 메시지가 상대방에게 전송됩니다.

 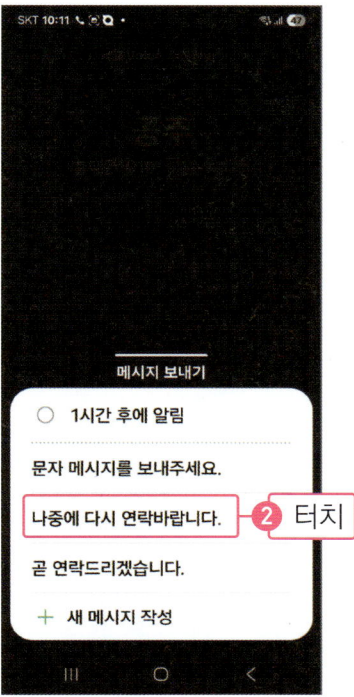 

02 홈 화면에서 [전화(C)] 앱을 터치해 실행합니다. 거절 메시지를 추가하기 위해 ⋮를 터치하고 확장 메뉴에서 [설정]을 터치합니다.

03 통화 설정 화면에서 [전화 거절 메시지]를 터치합니다. 거절 메시지를 직접 입력하기 위해 '메시지를 입력하세요'를 터치하고 '운전 중입니다.'를 입력한 후 ➕를 터치합니다.

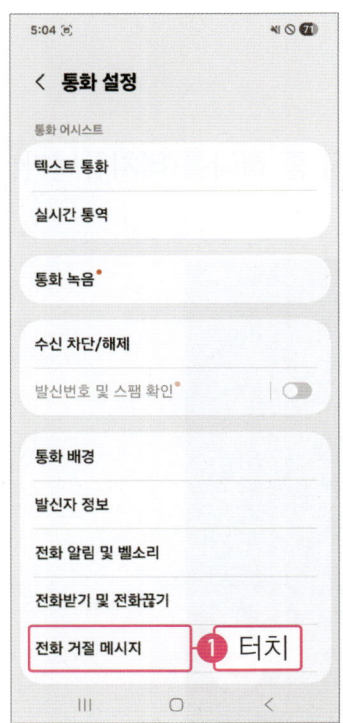
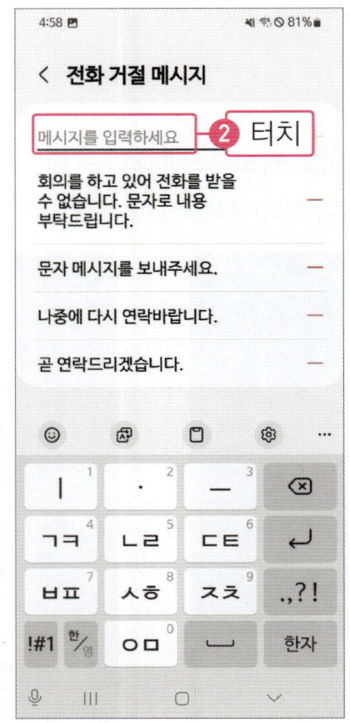
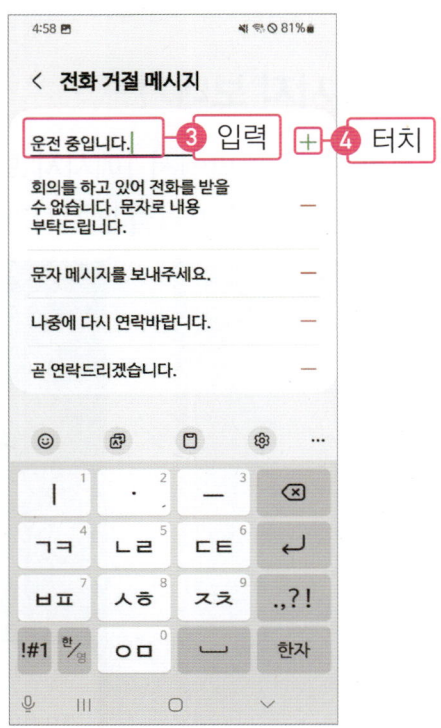

04 전화 거절 메시지 화면에서 거절 메시지가 추가된 것을 확인할 수 있습니다. 전화가 수신될 때 [메시지 보내기]를 위로 드래그합니다. [운전 중입니다.]를 터치해 거절 메시지를 보냅니다.

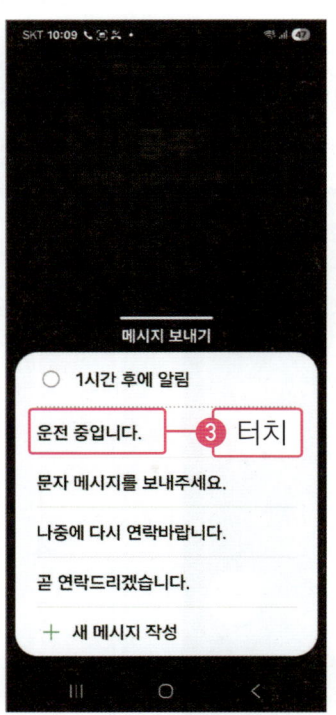

 **04** 스팸 차단하기

▶ 070 광고 전화 차단하기

01 홈 화면에서 [전화(C)] 앱을 터치해 실행합니다. 상단의 ⋮를 터치한 후 이어서 [설정]을 선택합니다.

02 통화 설정 화면에서 [수신 차단/해제]를 터치하고 [전화번호 추가] 란에 '070'을 입력한 후 [적용 기준▼]을 터치합니다. 이어서 [입력한 번호로 시작할 때]를 선택합니다.

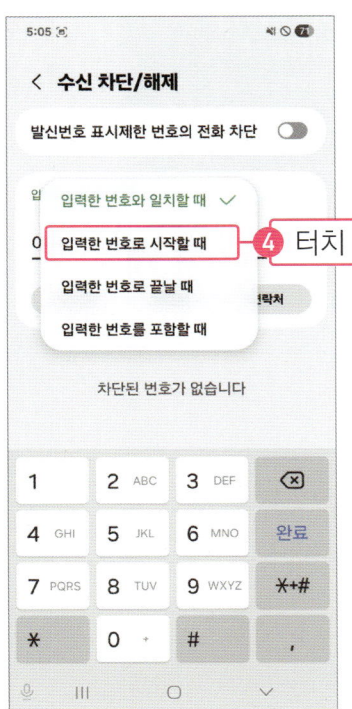

03 [전화번호 입력] 란의 ⊞를 **터치**합니다. 수신 차단 목록에 번호가 추가되고 더 이상 070으로 시작되는 광고성 전화 및 문자 메시지는 수신되지 않습니다.

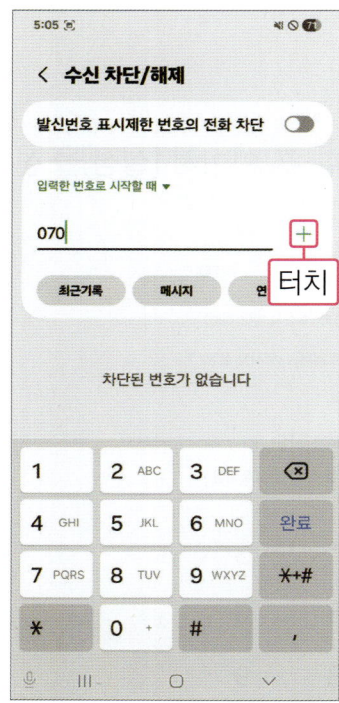 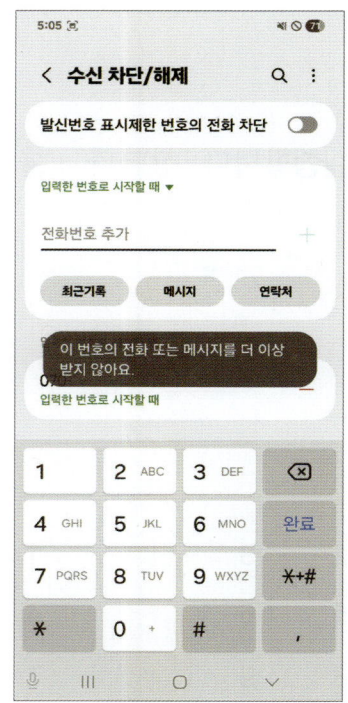

 잠깐

안심 전화 서비스(스팸 차단) 앱

인터넷에 연결되어 있는 상태에서 후후나 후스콜과 같은 안심 전화 서비스 앱을 사용해 통화하면 스팸이나 보이스피싱을 예방할 수 있습니다.

- 안심 전화 서비스 앱의 기능
① 모르는 번호로 전화가 오면 누구인지 확인하여 알려줍니다.
② 통화 가로채기 등 전화를 사용한 범죄를 예방할 수 있습니다.
③ 스팸 전화 등 악성 전화번호를 차단하거나 확인할 수 있습니다.
④ 해외에서 걸려온 전화번호를 확인할 수 있습니다.

▶ 방해 금지 모드 설정하기

01 앱스 화면에서 [설정(⚙)] 앱을 터치해 실행합니다. 설정 화면의 [알림]을 터치합니다.

02 알림 화면에서 [방해 금지]를 터치합니다. 이어서 [방해 금지] 토글을 터치해 활성화하고 화면을 아래로 내립니다.

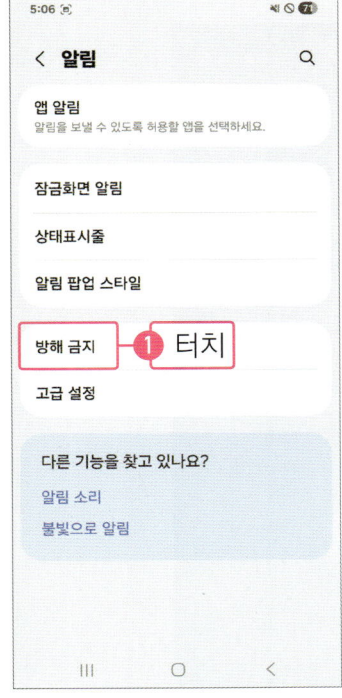

03 하단의 [알림 숨기기]를 터치하고 [전체 화면 알림 숨기기]의 토글을 터치해 활성화한 후 [홈] 버튼을 터치합니다.

 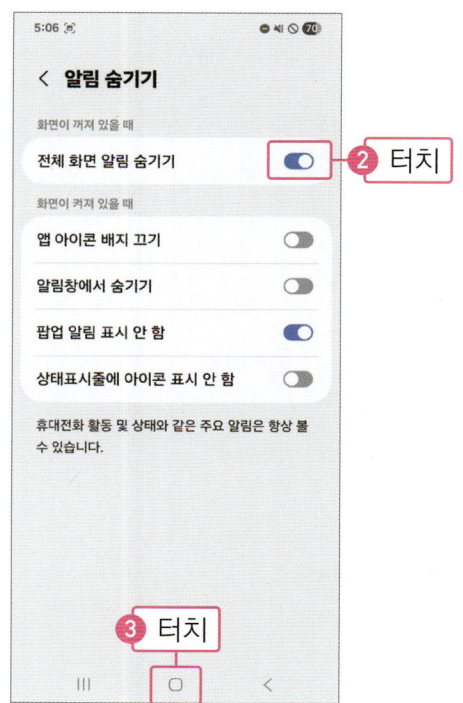

04 알림창을 슬라이드하면 '방해 금지 모드 사용 중'이라는 알림이 나타나며 전화나 문자 등을 수신하여도 아무런 알림을 하지 않습니다. [빠른 설정 버튼] 영역을 **아래로 드래그**해 빠른 설정 창이 나타나면 [**방해 금지(**⊖**)**] 버튼을 **터치**하여 방해 금지 설정을 해제합니다.

 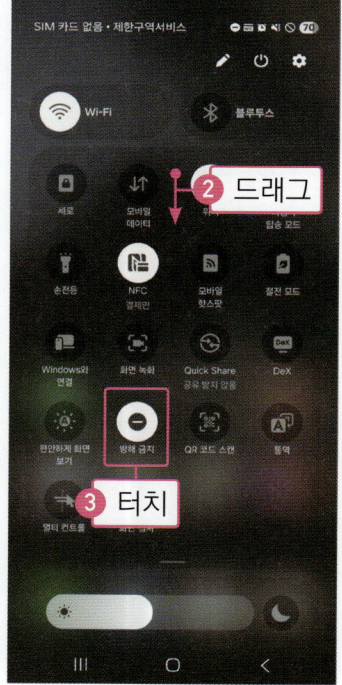 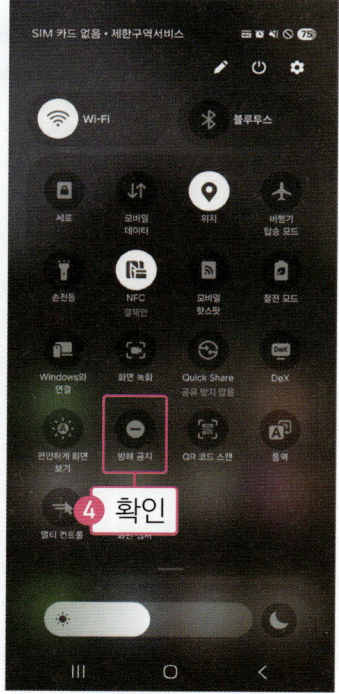

01 알 수 없거나 발신번호 표시 제한된 전화번호를 차단해 보고, 입력한 번호와 일치할 때 수신 차단을 원하는 번호를 추가해 봅니다.

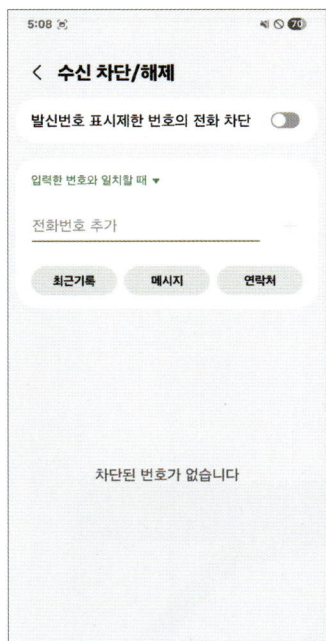
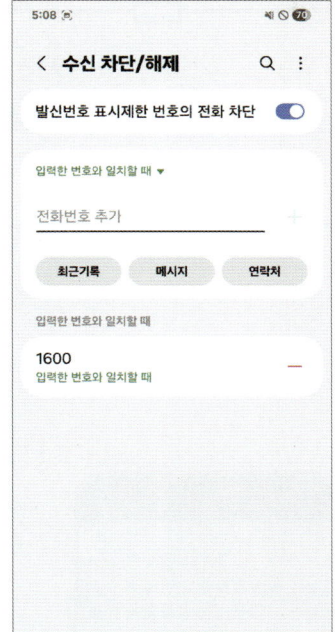

02 수면 시간엔 자동으로 [방해 금지] 모드가 설정되도록 하고 일정을 추가해 봅니다.

08 사진 및 동영상 촬영하기

- 카메라 설정하기
- 셀카 촬영하기
- 필터 사용하기
- 사진 촬영하기
- 동영상 촬영하기

미/리/보/기

스마트폰의 비약적인 발전으로 인해 스마트폰이 카메라를 대신하고 있습니다. 이번 장에서는 스마트폰의 [카메라] 앱을 통해 사진 및 동영상을 촬영하거나 카메라 설정을 변경하는 방법에 대해 알아보겠습니다.

01 카메라 앱 살펴보기

▶ 사진 화면 구성

❶ 플래시 : 플래시를 켜거나 끕니다. 또는 밝기에 따라 자동으로 플래시가 실행되도록 설정합니다.

❷ 해상도 : 촬영되는 사진의 화소 수(메가 픽셀), 해상도를 설정합니다.

❸ 모션 포토 : 사진 촬영 직전과 직후 약 1~2초 정도의 짧은 영상을 함께 저장합니다.

❹ 필터 : 색 보정이나 얼굴 리터칭 등 화면을 보정해 주는 필터 효과를 설정합니다.

❺ 기본 줌 : 일반적인 사진 및 동영상을 촬영합니다.

❻ 카메라 설정 : 카메라와 촬영, 화면 비율 등에 관한 각종 옵션을 설정합니다.

❼ 미리보기 : 방금 촬영한 사진이나 동영상 등을 확인합니다.

❽ 셔터 : 터치하여 촬영합니다. 단말기 기종에 따라 셔터를 길게 누르거나 한쪽으로 밀면 고속 연속 촬영을 할 수 있습니다.

❾ 카메라 전환 : 단말기의 앞면과 뒷면의 카메라를 전환합니다.

❿ 촬영 모드 : 사진이나 동영상 외에 파노라마, 슬로우 모션 등 촬영 기능을 설정합니다. 단말기 기종마다 편차가 있습니다.

 스마트폰 기종에 따라 사진 화면 구성은 교재와 조금씩 다를 수 있습니다.

▶ 촬영 기법

▲ 고속 연속 촬영

▲ GIF 촬영

❶ **고속 연속 촬영** : 사진 모드에서 셔터를 폰의 충전 단자가 있는 방향으로 드래그하면 사진을 고속으로 연사하며 촬영할 수 있습니다.

❷ **GIF 촬영** : GIF는 사진을 연속으로 재생해 동영상처럼 보이게 하는 이미지 파일입니다. 사진 모드에서 셔터를 길게 누르면 GIF로 촬영합니다.

▶ 촬영 모드

▲ 인물 사진 모드

▲ 더보기

❶ **인물 사진** : 아웃포커싱과 더불어 왜곡 없는 화각대로 피사체를 중심으로 한 선명하고 예술적인 사진 촬영이 가능합니다.

❷ **더보기** : 상황에 따라 유용하게 쓸 수 있는 촬영 모드가 모인 곳입니다. 대표적으로 어두운 곳에서 밝고 선명하게 촬영할 수 있는 [야간], 좌우로 펼쳐진 넓은 풍경을 촬영하는 [파노라마], 시간을 빠르게 압축하는 [하이퍼랩스], 한 번의 촬영으로 사진, 짧은 영상 등 여러 버전을 자동 생성하는 [싱글 테이크] 등이 있습니다.

잠깐 셔터의 옵션과 촬영 모드는 제조사와 기종에 따라 기능이 제한되거나 없을 수 있습니다.

▶ 동영상 화면 구성

❶ 플래시 : 플래시를 켜거나 끕니다. 또는 밝기에 따라 자동으로 플래시가 실행되도록 설정합니다.

❷ 슈퍼 스테디 : 카메라가 많이 흔들릴 때 영상 흔들림을 크게 줄여줍니다.

❸ 해상도 : 설정한 값에 맞춰 동영상 화질 및 해상도가 변경됩니다.

❹ 자동 매크로 : 가까운 피사체에 자동으로 초점을 맞춰줍니다.

❺ 기본 줌 : 일반적인 사진 및 동영상을 촬영합니다.

❻ 카메라 설정 : 카메라와 촬영, 저장 파일에 관한 각종 옵션을 설정합니다.

❼ 미리보기 : 방금 촬영한 사진, 동영상 등을 확인합니다.

❽ 셔터 : 터치하여 동영상 녹화를 시작합니다.

❾ 카메라 전환 : 단말기의 앞면과 뒷면의 카메라를 전환합니다.

❿ 촬영 모드 : 사진이나 동영상 외에 파노라마, 슬로우 모션 등 촬영 기능을 설정합니다. 단말기 기종마다 편차가 있습니다.

잠깐

스마트폰 기종에 따라 동영상 화면 구성은 교재와 조금씩 다를 수 있습니다.

▶ 카메라 설정하기

01 홈 화면에서 [카메라(◉)] 앱을 터치해 실행합니다. 화면 하단의 ▦을 터치한 후 ⚙을 터치합니다.

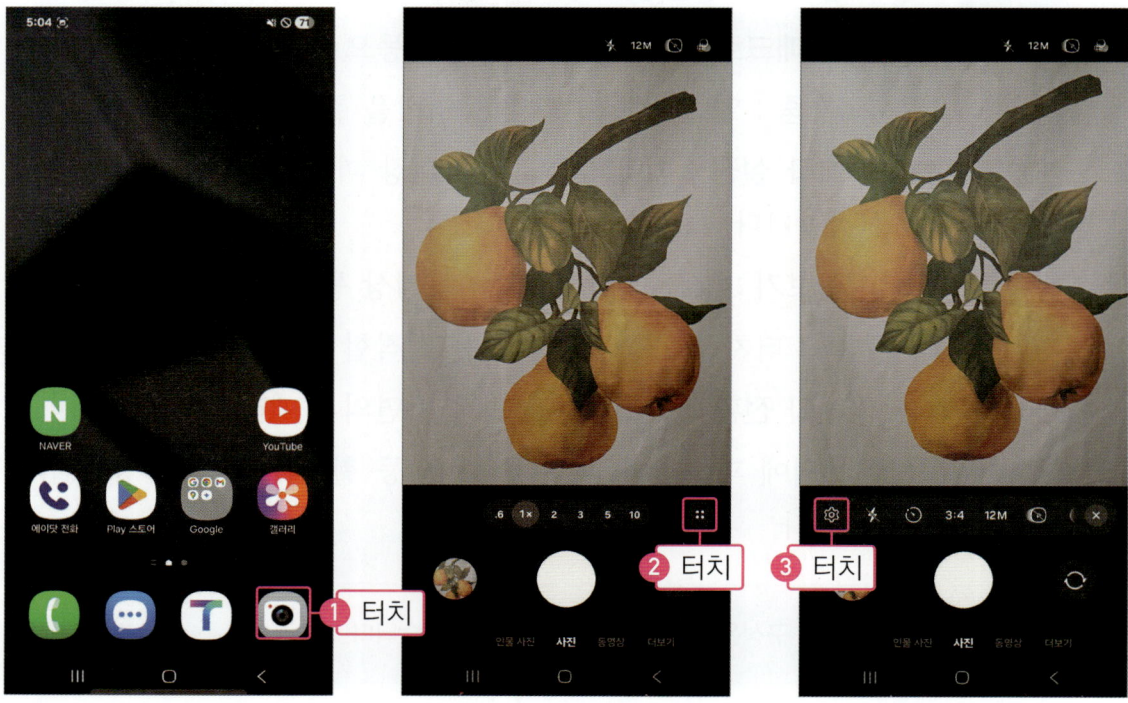

02 카메라 설정 화면에서 [좌우 반전없이 셀피 저장]과 [위치 태그]의 토글을 터치하여 활성화합니다. 이어서 [촬영 방법]을 터치합니다.

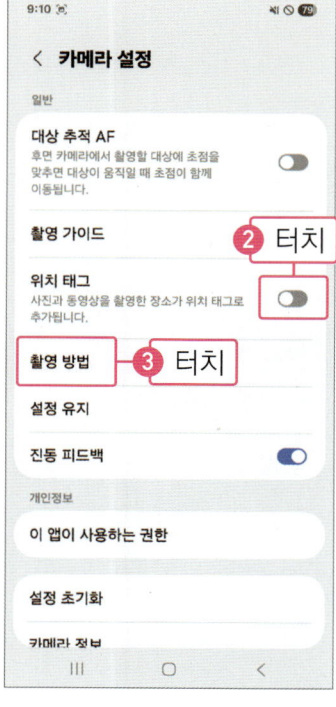

 전면 카메라로 사진을 촬영하면 거울처럼 좌우가 반전되어 촬영하지만, [좌우 반전없이 셀피 저장]을 활성화하면 반전 없이 촬영합니다. 또한 [위치 태그]를 활성화하면 촬영된 사진에 촬영한 장소와 시간이 기록됩니다.

03 촬영 방법 화면이 나타나면 [음량 버튼 누르기]를 터치합니다. 이어서 [사진 및 동영상 촬영]을 선택합니다. 셔터를 터치하지 않고 촬영하기 위하여 [음성 명령]의 토글을 터치하여 활성화합니다.

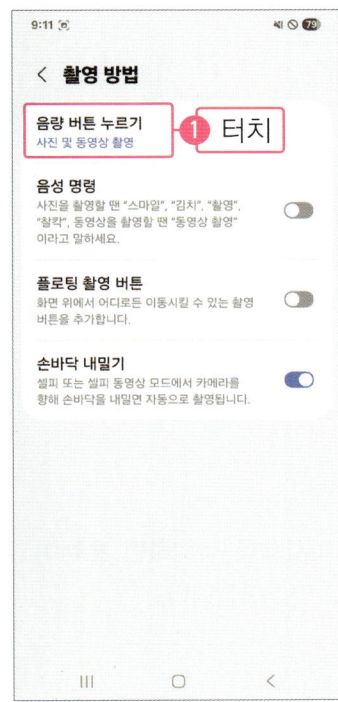

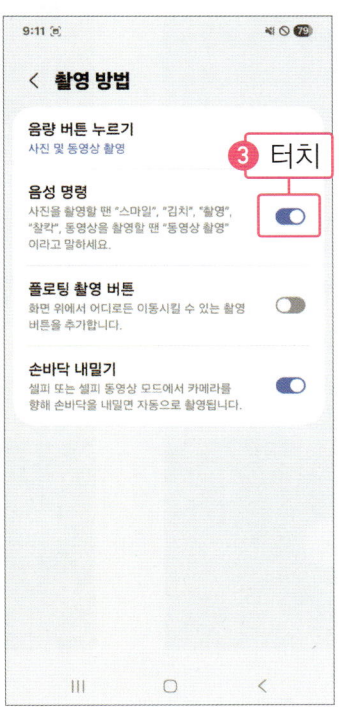

▶ 사진 촬영하기

01 홈 화면에서 [카메라(◉)] 앱을 터치해 실행합니다. 촬영 모드는 [사진]으로 선택합니다.

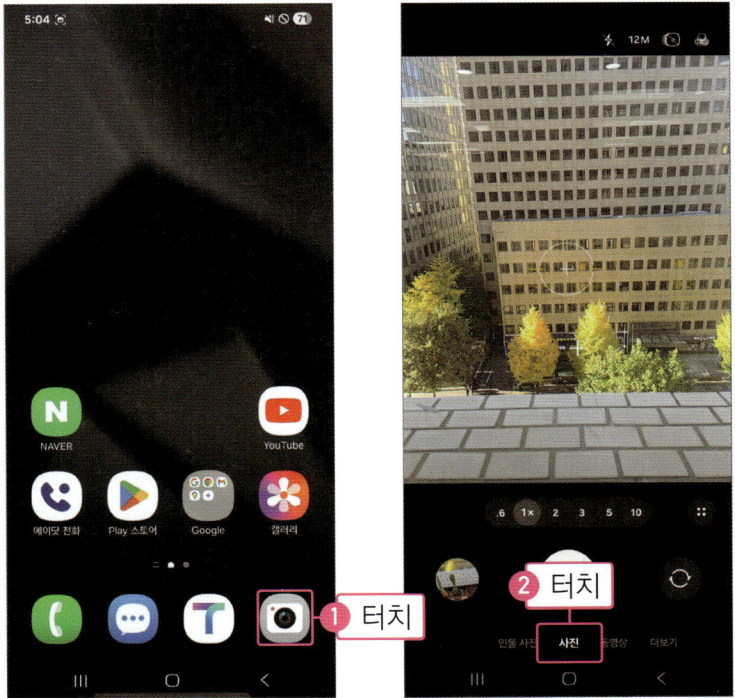

02 핀치 줌하여 피사체를 확대하고 화면을 터치해 **피사체**의 초점을 맞춥니다. **[노출]** 슬라이드 바를 드래그하여 노출을 조절한 후 **[셔터]**를 터치해 사진을 촬영합니다.

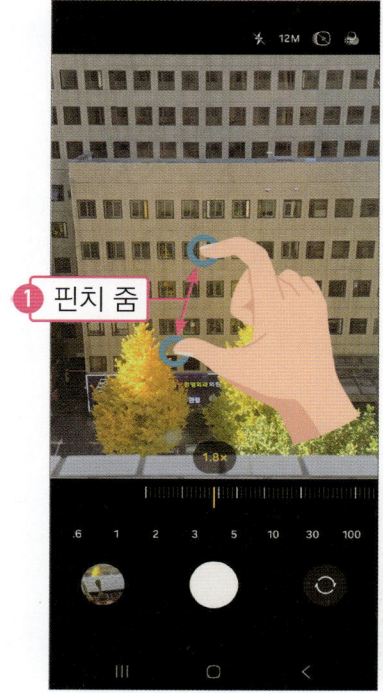 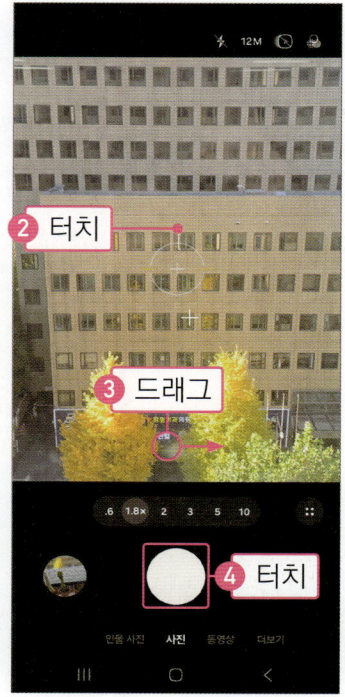

💡 **잠깐** 화면의 피사체를 터치하면 초점이 자동으로 맞추어집니다.

03 촬영이 완료되면 하단의 **[미리보기]**를 터치해 촬영한 사진을 확인합니다.

💡 **잠깐** [미리보기]는 [갤러리()] 앱과 연동되어 있습니다.

▶ 셀카 촬영하기

01 홈 화면에서 [카메라(◙)] 앱을 터치해 실행합니다. 화면 하단의 ◙을 터치하고 구도를 잡습니다.

02 화면을 확인한 후 '김치'라고 말하면 자동으로 사진 촬영이 됩니다.

 설정에서 [좌우 반전없이 셀피 저장]을 활성화하면 좌우가 바르게 저장됩니다.

▶ 동영상 촬영하기

01 홈 화면에서 [카메라(⊙)] 앱을 터치해 실행합니다. 촬영 모드를 [동영상]으로 선택하고 화면을 **핀치 줌**하여 구도를 조정한 후 [셔터]를 터치합니다.

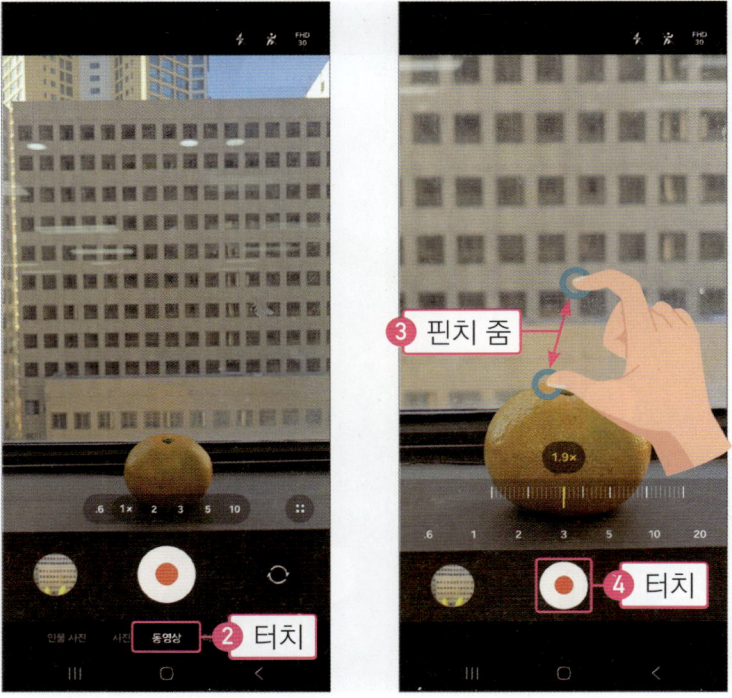

02 녹화를 시작하면 화면 상단에 타임코드가 작동합니다. ❚❚를 **터치**하면 녹화가 잠시 멈추고 다시 ⏺를 **터치**하면 녹화가 재개됩니다.

03 [플래시]를 터치해 플래시를 실행합니다. 다시 [플래시]를 터치해 종료하고 [캡처]를 터치합니다. 녹화 중에 사진이 촬영되고 촬영이 끝나면 ◼을 터치하여 종료합니다.

04 홈 화면에서 [갤러리(✳)] 앱을 터치해 실행합니다. 동영상과 캡처한 사진이 저장된 것을 확인할 수 있습니다.

▶ 필터 사용하기

01 [카메라(◉)] 앱을 터치해 실행하고 촬영 모드는 [사진]을 선택한 후 [필터]를 터치합니다.

02 화면에 필터 목록이 나타나면 **드래그**한 후 원하는 **필터를 선택**합니다. 같은 화면이지만 사진의 분위기가 바뀐 것을 확인할 수 있습니다. **셔터를 터치**해 사진을 촬영합니다.

 필터 목록은 단말기 제조사와 기종에 따라 다르거나 제한적일 수 있습니다.

01 단말기의 화면 비율을 [1:1]과 [FULL]로 설정한 후 각각 촬영해 봅니다.

 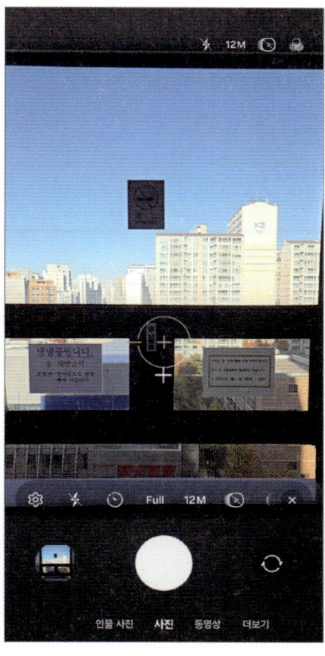

 힌트 [4:3] 비율은 기존 카메라에 쓰였던 표준 규격으로 정사각형에 가까운 반면, [FULL] 비율은 스마트폰 화면 사이즈와 비율에 맞춘 맞춤형 비율입니다.

02 카메라의 필터 기능을 [어두운]으로 설정한 후 촬영해 봅니다.

 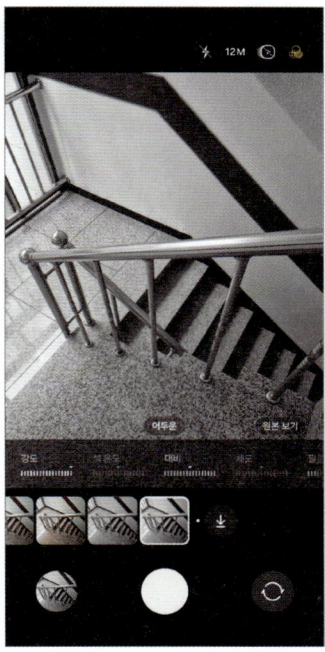

09 사진 및 동영상 관리하기

- 사진, 동영상 감상하기
- 앨범 관리하기
- 사진 리터칭하기

미/리/보/기

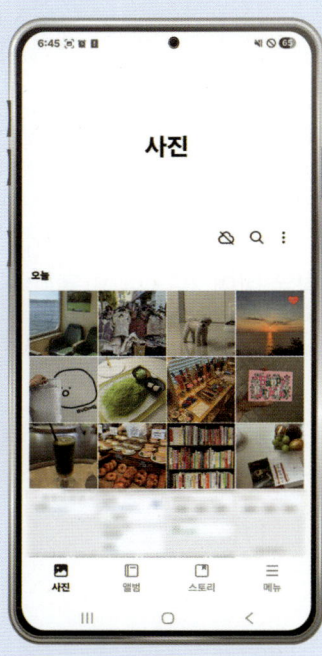  

사진이나 동영상은 [갤러리] 앱에서 관리합니다. 간단한 편집이나 효과 적용, 사진 오리기

등을 할 수 있으며 SNS에 업로드하거나 친구에게 전송할 수도 있습니다. 이번 장에서는

사진이나 동영상을 관리하는 [갤러리] 앱을 사용하는 방법에 대해서 알아보겠습니다.

▶ 갤러리 앱 화면 구성

① **삼성 계정** : 삼성 계정에 로그인합니다. 하나의 계정으로 모든 기기에서 나만을 위한 서비스를 이용할 수 있습니다.

② **검색** : 사진 유형, 표정, 위치 등으로 사진을 검색합니다.

③ **메뉴** : 사진 항목을 선택하거나 앨범을 만들 수 있습니다.

④ **사진** : 저장된 사진, 동영상을 날짜별로 모두 저장합니다.

⑤ **앨범** : 콘텐츠를 카테고리별 앨범으로 묶어서 표시합니다. 앨범은 사용자가 직접 만들고 콘텐츠를 추가할 수 있습니다.

⑥ **스토리** : [갤러리] 앱에 관한 여러 옵션을 설정하거나 편집합니다.

⑦ **메뉴** : 동영상, 보안 등 [갤러리] 앱에 관한 여러 옵션을 설정하거나 편집합니다.

▶ 사진 설정

① **동영상** : 동영상 콘텐츠만 모아 보여줍니다.

② **즐겨찾기** : 즐겨찾기 표시한 콘텐츠만 모아 보여줍니다.

③ **최근 항목** : 최근 촬영한 콘텐츠 순서로 정렬해 보여줍니다.

④ **사진첩 정리** : 앨범의 사진을 효율적으로 관리하고 정리합니다.

⑤ **위치** : 촬영한 위치 태그가 포함된 콘텐츠를 모아 보여줍니다.

⑥ **공유 앨범** : 가족 또는 친구와 앨범을 연동해 공유하고 싶은 콘텐츠를 전달합니다.

⑦ **휴지통** : 갤러리에서 삭제한 콘텐츠를 모아 보여줍니다.

⑧ **설정** : 콘텐츠 편집 및 갤러리와 관련된 옵션을 설정합니다.

▶ 콘텐츠 옵션

■ 사진 콘텐츠

❶ 스마트 뷰 : 단말기의 동영상을 호환되는 다른 디바이스(스마트 TV 등)에 무선으로 연결하여 감상합니다.

❷ 빅스비 비전 : 촬영된 피사체를 인공지능이 분석하여 관련된 웹 사이트를 연결하거나 제품을 판매하는 쇼핑 사이트로 연결합니다.

❸ 회전 : 사진을 90° 회전합니다.

❹ 설정 : 현재 보고 있는 사진들에 대한 옵션들을 설정합니다.

❺ 즐겨찾기 : 마음에 드는 사진을 즐겨찾기하여 카테고리를 별도로 관리합니다.

❻ 편집 : 크기 조절, 자르기 및 각종 효과와 필터링, 타이틀 등을 추가하거나 수정합니다.

❼ 리마스터 : AI로 사진 품질을 자동 개선해 사진을 더 선명하고 예쁘게 보정합니다.

❽ 공유 : SNS나 웹에 사진을 공유합니다.

❾ 휴지통 : 사진을 휴지통으로 이동시켜 앨범에서 삭제합니다.

■ 동영상 콘텐츠

❶ 스마트 뷰 : 단말기의 동영상을 호환되는 다른 디바이스(스마트 TV 등)에 무선으로 연결하여 감상합니다.

❷ 회전 : 동영상을 90° 회전합니다.

❸ 설정 : 현재 보고 있는 동영상에 대한 옵션들을 설정합니다.

❹ 캡처 : 동영상 재생 시 사진으로 저장을 원하는 장면을 캡처합니다.

❺ 재생 : 동영상을 재생하거나 멈춥니다.

❻ 소리설정 : 동영상의 소리를 끄거나 켤 수 있습니다.

❼ 즐겨찾기 : 마음에 드는 동영상을 즐겨찾기하여 카테고리를 별도로 관리합니다.

❽ 편집 : 크기 조절, 자르기 및 각종 효과와 필터링, 타이틀 등을 추가하거나 수정합니다.

❾ 리마스터 : AI로 동영상 품질을 자동 개선해 동영상을 더 선명하고 예쁘게 보정합니다.

❿ 공유 : SNS나 웹에 동영상을 공유합니다.

⓫ 휴지통 : 동영상을 휴지통으로 이동시켜 앨범에서 삭제합니다.

▶ 사진 편집

① 원본 복원 : 사진을 최초 촬영한 원래의 상태로 복원합니다.

② 저장 : 수정한 사진을 별도로 저장합니다.

③ 옵션 더보기 : 기본 기능 외에 추가적으로 사진을 편집할 수 있는 기능들이 있습니다. 수정 초기화, 이미지 정보 확인, 이미지 크기 변경 등이 있습니다.

④ 캔버스 : 편집되는 사진을 실시간으로 확인합니다.

⑤ 편집 하위 메뉴 : 편집 메뉴 내에 부속된 별도의 메뉴입니다.

⑥ 자동 보정 : 사진을 AI가 분석하여 자동으로 보정합니다.

⑦ 편집 메뉴 : 크기 조절, 색 조정 등의 사진 편집 기능입니다. 아래 표에서 자세히 설명합니다.

메뉴	하위 메뉴	기능
조절		사진 회전, 자르기, 좌우 반전 등을 조정합니다.
필터		다양한 색감과 효과를 적용하여 사진을 변형합니다.
색조		사진의 밝기와 명암, 노출, 채도, 색 톤 등을 조정합니다.
스티커		[그리기]를 선택하면 사진 위에 직접 그림을 그립니다.
		[스티커]를 선택하면 사진에 스티커를 붙입니다.
		[텍스트]를 선택하면 사진 위에 텍스트를 삽입합니다.
더보기		기본 편집(밝기, 자르기 등) 외에 AI 지우개, 부분 색칠 등의 부가 기능으로 사진을 편집합니다.

▶ **사진 및 동영상 감상하기**

01 홈 화면에서 [갤러리(✿)] 앱을 터치해 실행합니다. 촬영한 사진과 동영상은 날짜별로 분류
되어 썸네일 형태로 나타납니다. **최근 사진을 터치합니다.**

02 사진을 확인하고 **오른쪽으로 슬라이드**합니다. 이전에 저장한 사진이 나타납니다. 마음에
드는 사진이 나타나면 ♡를 터치한 후 〈을 터치합니다.

03 사진의 오른쪽 상단에 ♥가 표시된 것을 확인하고 ⦙를 터치한 후 [슬라이드쇼]를 선택합니다. 쇼 형식으로 사진 콘텐츠가 재생됩니다.

 슬라이드쇼를 종료하고 싶다면 사진 콘텐츠가 재생되는 화면을 터치합니다.

▶ 앨범 만들고 관리하기

01 [갤러리( )] 앱을 실행하고 화면 하단의 [앨범]을 터치합니다. 이어서 [+]를 터치해 만들 항목 선택 창이 나타나면 [앨범]을 터치합니다.

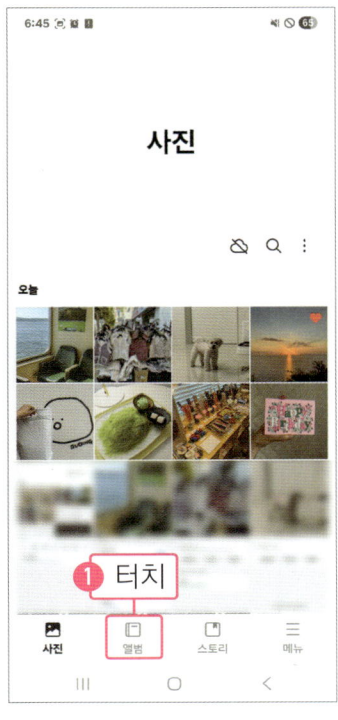

02 앨범 만들기 창이 나타나면 **앨범명을 입력**한 후 **[추가]**를 터치합니다. 항목 선택 화면에서 앨범에 추가하고 싶은 사진이 있는 항목을 선택합니다.

03 이어서 [앨범]으로 **이동할 사진을 선택**한 후 **[완료]**를 터치합니다. 이동 안내 창이 나타나면 **[이동]**을 터치합니다.

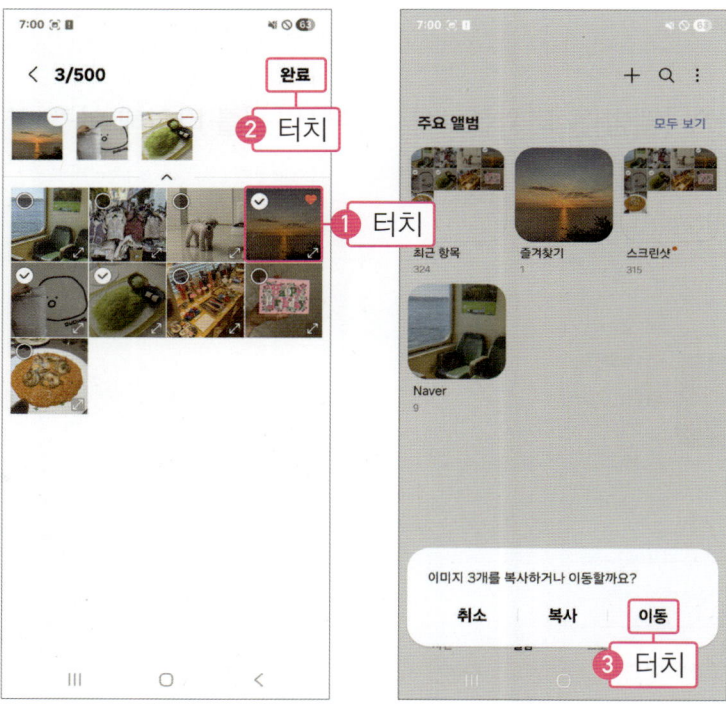

04 '이동을 완료했어요'라는 메시지와 함께 [여행] 앨범이 추가되었습니다. [여행] 앨범을 터치해 사진을 확인한 후 ⟨를 터치합니다.

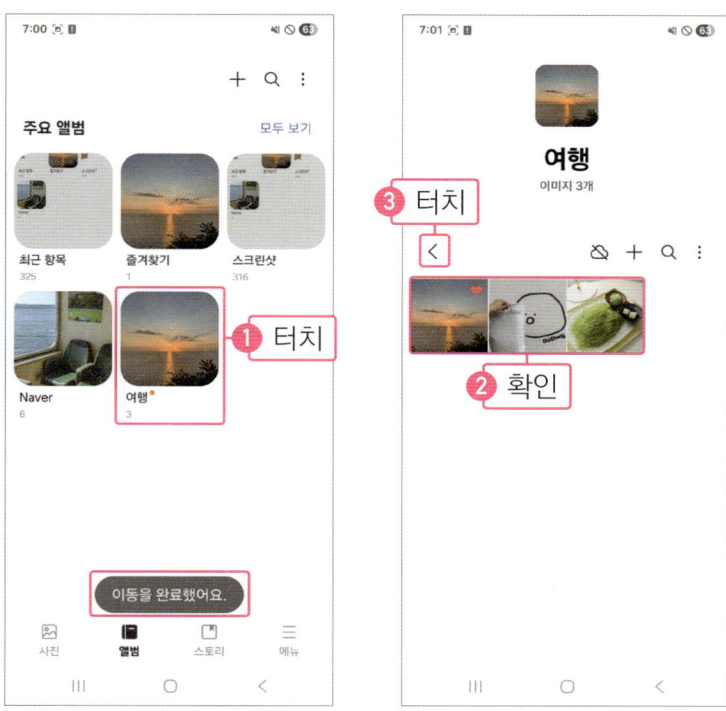

05 [여행] 앨범을 삭제하기 위해 [여행] 앨범을 길게 터치한 후 체크 표시가 보이면 [삭제]를 터치합니다. 휴지통으로 이동할까요? 창이 나타나면 **[휴지통으로 이동]**을 터치합니다. 앨범을 포함한 콘텐츠가 모두 삭제됩니다.

잠깐

삭제된 콘텐츠는 어디로?

삭제한 콘텐츠는 [휴지통]으로 이동되며 30일 동안 보관 후 완전히 삭제됩니다. 복구하고 싶은 콘텐츠가 있다면 30일 이전까지 가능하며 30일이 지났거나 휴지통 비우기를 실행하면 휴지통 안의 콘텐츠는 영구적으로 삭제됩니다.

① 휴지통은 [갤러리] 앱–[메뉴]–[휴지통]을 터치하여 찾을 수 있습니다.

② 비우기를 통해 30일 동안 보관하지 않고 즉시 영구 삭제할 수도 있습니다. [갤러리] 앱–[⋮]–[비우기]를 터치합니다.

126

▶ **콘텐츠 자르고 회전하기**

01 방향이 잘못된 **사진**을 **터치**한 후 🖉을 **터치**합니다. 편집 화면 하단의 🔲을 **터치**하고 🔲을 **선택**합니다.

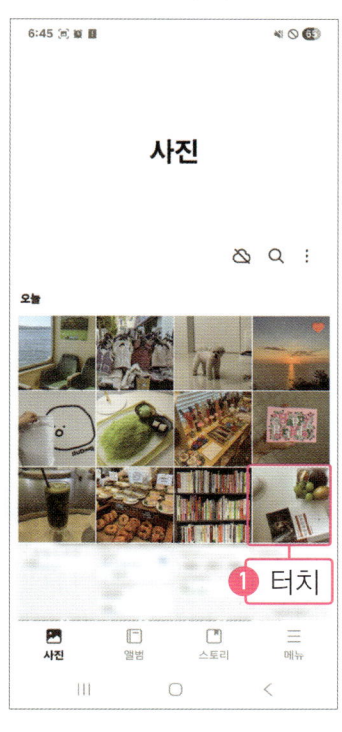

02 원하는 방향으로 사진을 회전하고 **[저장]**을 **터치**합니다. 회전한 사진을 확인한 후 🔲을 **터치**합니다. 추가로 편집할 **사진**을 **선택**합니다.

03 ✐을 **터치**하고 편집 화면에서 🔲을 **터치**합니다. 화면의 **꺽쇠**를 **드래그**하여 중요한 부분만 남깁니다.

04 자르기가 완료되면 [**저장**]을 **터치**하고 원본 적용 안내 창에서 한번더 [**저장**]을 **터치**합니다. 위 · 아래가 잘린 사진이 추가되었습니다. 확인이 끝나면 ◁을 **터치**합니다.

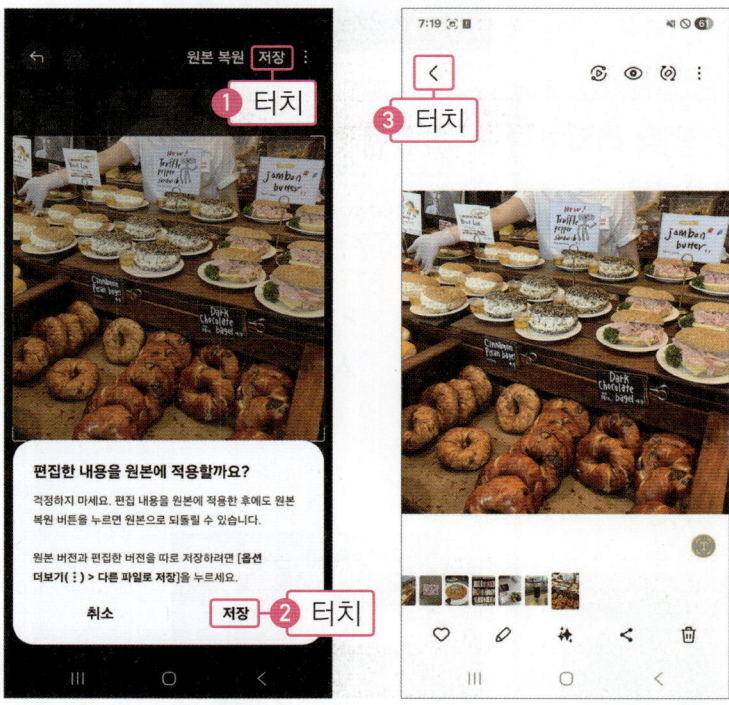

▶ 컬러 보정하기

01 [갤러리(✽)] 앱에서 **보정할 사진을 선택**하고 ▨을 **터치**한 후 ▨를 **터치**합니다.

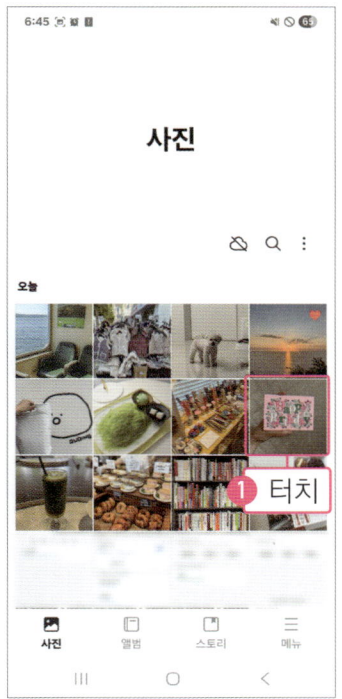

02 하위 메뉴에서 사진의 밝기를 조절하기 위해 **[노출(◉)]을 선택**하고 슬라이드 바를 왼쪽으로 **드래그**하여 노출을 줄여줍니다. 이어서 색을 선명하게 만들기 위해 **[채도(◉)]를 찾아 터치**합니다.

03 슬라이드 바를 오른쪽으로 드래그하여 색을 진하게 보정합니다. 컬러 보정이 완료되면 [저장]을 터치합니다.

 색조 설정

[갤러리(✽)] 앱에서 사용하는 색조는 색을 조정해 사진의 전반적인 톤과 분위기 등을 변경하는 기능입니다.

- **라이트 밸런스(◖)** : 환경에 따라 카메라는 흰색 계열의 색을 낮춰 회색으로 촬영하는데 이를 조절합니다.
- **밝기(◉)** : 사진의 밝고 어두움을 조절합니다.
- **노출(◉)** : 촬영 시 카메라로 들어오는 광량을 조절합니다. 노출이 높으면 빛이 많이 들어와 피사체 간의 깊이가 약해집니다. 밝기와는 약간의 차이가 있습니다.
- **대비(◐)** : 밝고 어두운 곳의 차이를 조절합니다. 대비가 높으면 어두운 곳은 더 어두워지고 밝은 곳은 더 밝아져 중간 정도의 밝기가 약해집니다.
- **하이라이트(◑)** : 촬영 시 피사체에 빛이 제일 강하게 받은 부분을 조절합니다.
- **그림자(◐)** : 촬영 시 피사체에 빛이 부족한 부분을 조절합니다.
- **채도(◔)** : 색의 선명도를 조절합니다. 채도가 높으면 고유의 색으로 가까워지고 채도가 낮으면 흑백에 가까워집니다.
- **틴트(◓)** : 촬영한 사진에 옅은 색조를 입혀줍니다.
- **색온도(◖)** : 촬영한 사진의 색상을 조절합니다. 색온도를 올리면 사진에 노란 색감이 강조되어 따스한 느낌이 연출되고 색온도를 내리면 푸른 색감이 강조되어 차가운 느낌을 줍니다.
- **선명도(△)** : 촬영한 사진의 피사체 경계를 정리해 선명도를 조절합니다. 지나치게 적용한 경우 사진에 텍스처가 생길 수 있으니 유의합니다.
- **명료도(◮)** : 촬영한 사진의 대비를 높여 초점이 빗나간 부분을 좀 더 또렷하게 만듭니다.

▶ AI 지우개

01 [갤러리(🌸)] 앱에서 **편집할 사진을 선택**하고 🖊을 **터치**한 후 ✸을 터치합니다.

02 AI 지우개 화면이 나타나면 하단의 **[생성형 편집]** 버튼을 **터치**한 후 사진에서 **지우고 싶은 부분을 드래그해 영역을 지정**합니다.

03 원하는 영역에 맞게 지정되었는지 확인한 후 [생성] 버튼을 터치합니다. 화면에 '새 풍경을 그리는 중'이라는 메시지가 나타납니다.

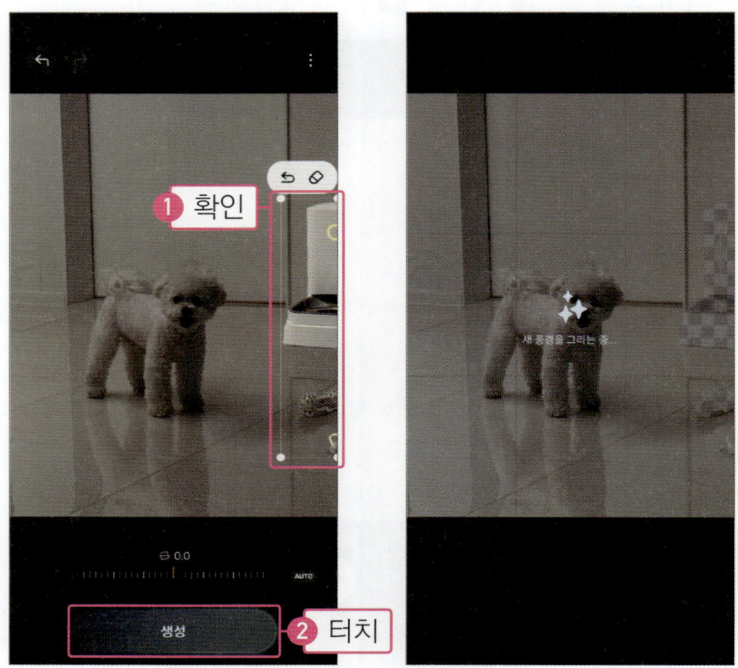

04 AI 지우개 작업이 완료되면 사진에 불필요한 사물이 잘 지워졌는지 확인한 후 [완료] 버튼을 터치합니다. 이어서 주의사항 안내 창에도 [확인]을 터치합니다.

 AI 지우개는 갤러리에서 사진의 불필요한 인물, 사물, 그림자 등을 AI가 자동으로 인식해 지워주는 기능입니다. 복잡한 편집 작업 없이 몇 번의 터치만으로 사진 보정이 가능합니다. 다만, 소프트웨어 및 앱 버전에 따라 일부 기종에서는 사용이 어려울 수도 있습니다.

01 자신이 가지고 있는 사진의 [채도]를 조절해 밝기를 '40'으로 조절해 봅니다.

02 [AI 지우개] 기능으로 사진에 불필요한 사물을 없애 봅니다.

10 인터넷 앱 사용하기

- 카카오톡 설치하기
- 카카오톡 메시지 보내기
- 카카오톡 사진 보내기
- 네이버 회원 가입하기
- 유튜브에서 동영상 찾기
- 유튜브 채널 구독하기

미 / 리 / 보 / 기

스마트폰은 컴퓨터처럼 자신이 필요한 소프트웨어를 설치할 수 있습니다. 이번 장에서는 스마트폰을 사용함에 있어 만족도를 높여주는 필수 앱을 설치하는 방법과 활용 방법에 대해서 알아보겠습니다.

01 국민 앱 살펴보기

▶ 카카오톡

국민 메신저인 카카오톡은 별도의 비용 지불 없이 데이터 사용만으로 메신저를 사용할 수 있습니다.

1️⃣ 검색 : 친구 목록이나 대화방 등을 검색합니다.

2️⃣ 친구 추가 : 친구나 채팅방을 추가합니다.

3️⃣ 설정 : 카카오톡에 대한 환경설정 및 친구 목록 등을 관리합니다.

4️⃣ 친구 : 카카오톡의 친구 목록을 표시합니다.

5️⃣ 채팅 : 채팅 상대와 문자, 기프티콘 등을 주고받습니다.

6️⃣ 숏폼 · 오픈채팅 : 짧은 동영상 시청 및 서로 모르는 사람들끼리 특정 주제를 기준으로 모여 콘텐츠를 주고받습니다.

7️⃣ 쇼핑 : 카카오톡이 운영하는 온라인 쇼핑몰입니다.

8️⃣ 더보기 : 메일, 송금 등의 추가 기능들을 사용합니다.

▶ 카카오톡 채팅

1:1 채팅, 그룹 채팅, 등을 이용하여 소중한 사람들과 대화를 나눌 수 있습니다.

▶ 네이버 앱

대표적인 포털 사이트인 네이버를 스마트폰에서 쉽게 사용할 수 있도록 만들어진 앱입니다.

1 메뉴 : 네이버에서 제공하는 기타 서비스들을 사용합니다.

2 네이버페이 : 네이버에서 제공하는 간편 결제 서비스입니다. 은행 계좌 및 카드를 미리 등록하고 온/오프라인 매장에서 결제합니다.

3 네이버톡 : 네이버에서 제공하는 채팅 서비스입니다. 스토어 문의 및 카페 채팅 등 네이버 안의 다양한 대화를 네이버톡에서 나눕니다.

4 알림 : 가입한 사용자에게 메일, 뉴스, 등의 소식을 알려줍니다.

5 검색 : 단어를 입력하고 검색할 수 있습니다. 옆의 그린닷을 이용해 음성 검색도 가능합니다.

6 그린닷 : 음성, 이미지, 위치 등을 빠르게 검색할 수 있도록 도와주는 인공지능입니다.

7 스토어 : 네이버에서 제공하는 쇼핑 채널입니다.

8 홈 : 네이버의 기본 홈 화면입니다.

9 투데이 : 네이버에서 제공하는 콘텐츠 채널입니다. 한 화면에서 뉴스, 연예, 스포츠 등 다양한 콘텐츠를 확인합니다.

10 클립 : 네이버에서 제공하는 숏폼 동영상 채널입니다.

11 마이 : 네이버 페이 결제, 예약/주문 등 나의 이용 정보를 한눈에 확인할 수 있습니다.

◀ 그린닷

◀ 메뉴

▶ **카카오톡 앱 설치하기**

01 홈 화면에서 [플레이 스토어(▶)] 앱을 터치해 실행합니다. 하단의 🔍을 터치한 후 '카카오톡'을 입력하고 🔍을 터치합니다.

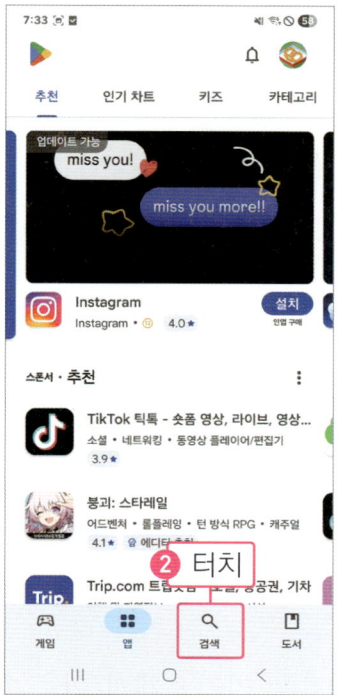

02 카카오톡이 검색되면 📢을 터치합니다. 앱 정보를 확인한 후 [설치] 버튼을 터치합니다. 설치가 완료되면 [열기] 버튼을 터치해 카카오톡을 실행합니다.

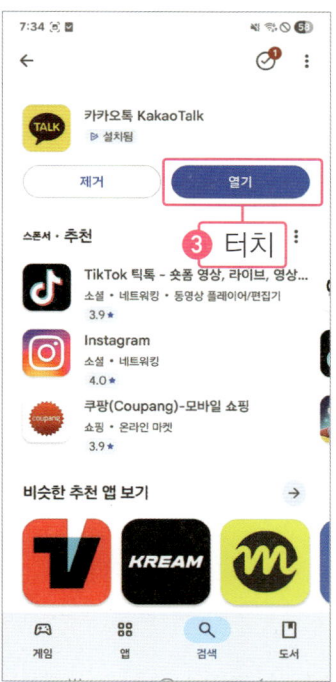

앱스 화면

카카오톡 설치가 완료되었는데 홈 화면에 [카카오톡] 앱이 보이지 않는다면 앱스 버튼을 터치하거나 슬라이드해 앱스 화면을 불러옵니다. 앱스 화면은 스마트폰에 설치된 모든 앱과 새로 설치하는 앱이 저장되는 곳입니다. 카카오톡 아이콘을 찾아 터치합니다.

▶ 카카오톡 계정 생성하기

01 카카오톡 시작 화면이 나타나면 [새로운 카카오계정 만들기] 버튼을 터치합니다. 이어서 핸드폰 번호를 입력하고 [확인] 버튼을 터치합니다.

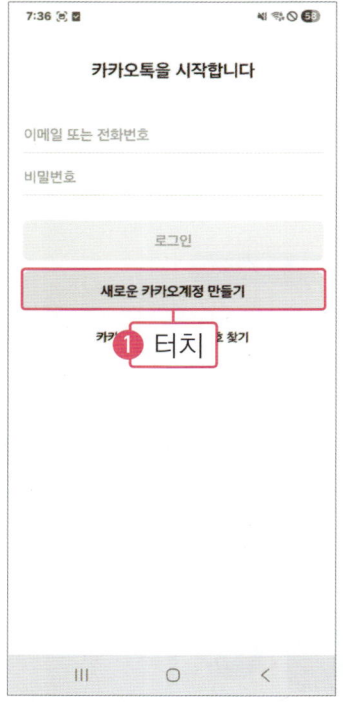

02 전화번호 인증 창이 나타나면 번호를 확인하고 [확인]을 터치합니다.

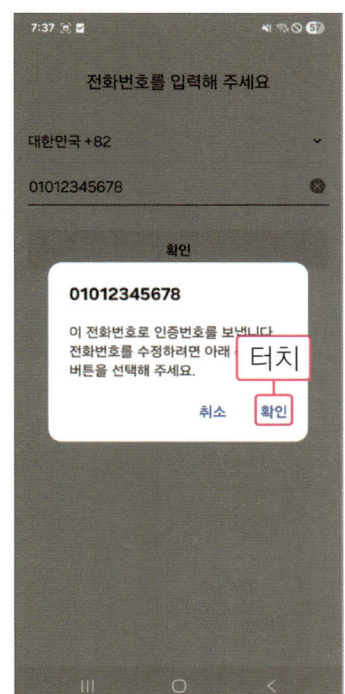

 카카오계정이 있다면 로그인 화면에서 전화번호(이메일)와 비밀번호를 입력한 후 [로그인] 버튼을 터치합니다.

03 문자 메시지로 인증번호가 발송되면 홈 화면으로 이동해 [메시지(💬)] 앱을 터치하고 인증 번호를 확인합니다.

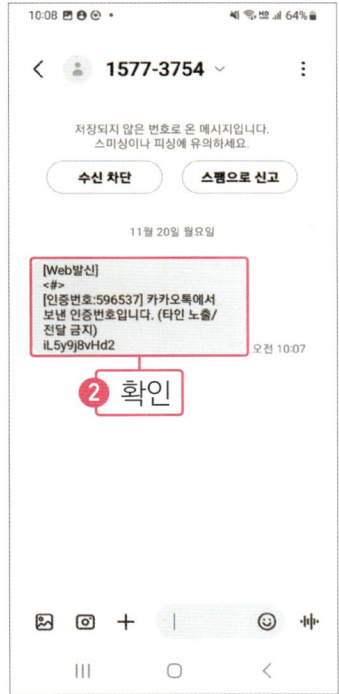

04 다시 [카카오톡] 앱을 실행해 확인한 **인증번호를 입력**한 후 [확인] 버튼을 터치합니다. 새로운 계정 생성 화면이 나타나면 **비밀번호를 입력**하고 [확인] 버튼을 터치합니다. 마지막 프로필 사진을 등록한 후 가입을 완료합니다.

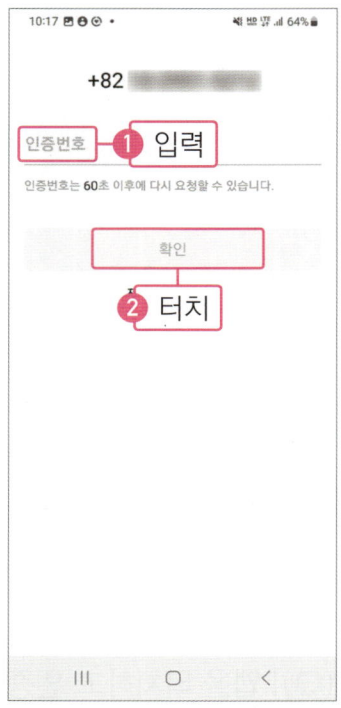 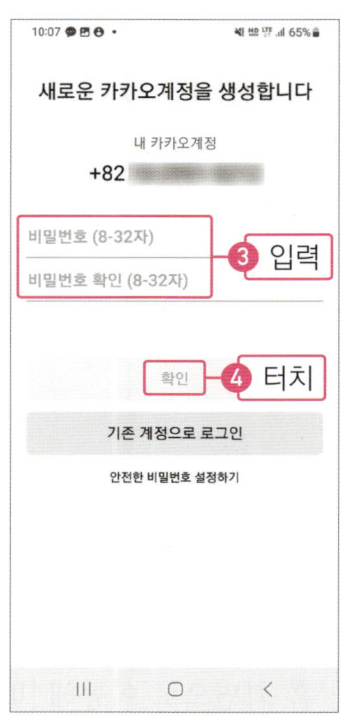

▶ 카카오톡으로 대화하기

01 [카카오톡]을 실행한 후 [친구목록]을 터치합니다. [친구목록]에서 **한 명을 선택**하여 [1:1채팅]을 터치합니다.

02 메시지 입력 란에 내용을 입력하고 ☺을 터치합니다. 원하는 이모티콘을 선택하고 ▶을 터치하여 전송합니다.

▶ 카카오톡으로 사진 보내기

01 [메시지 입력] 란의 ⊕를 터치한 후 [앨범]을 선택합니다.

02 화면 하단에 사진이 나타나고 [전체]를 터치합니다. 전체보기 화면에서 **전송할 사진을 선택**한 후 [전송] 버튼을 터치합니다.

▶ 네이버 앱 설치하기

01 홈 화면의 [플레이 스토어(▶)] 앱을 터치해 실행합니다. 하단의 🔍을 터치한 후 '네이버'를 입력하고 🔍을 터치합니다.

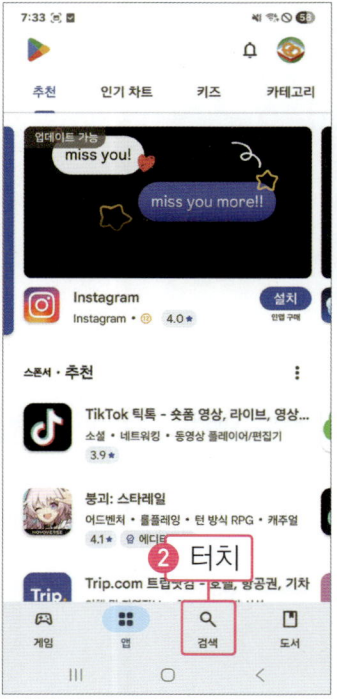
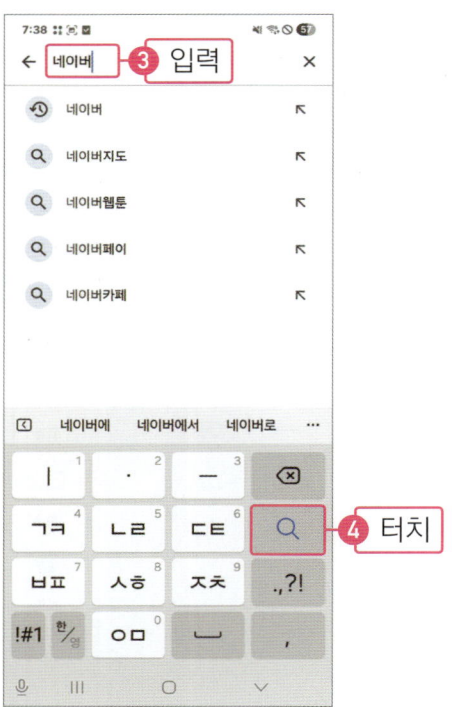

02 네이버가 검색되면 N을 터치합니다. 앱의 정보를 살펴본 후 [설치] 버튼을 터치합니다. 설치가 완료되면 [열기] 버튼을 터치해 네이버를 실행합니다.

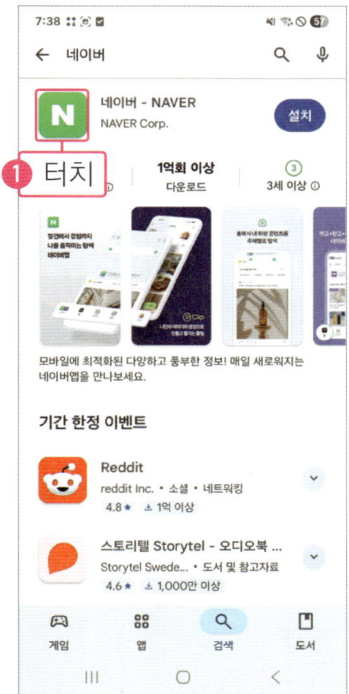  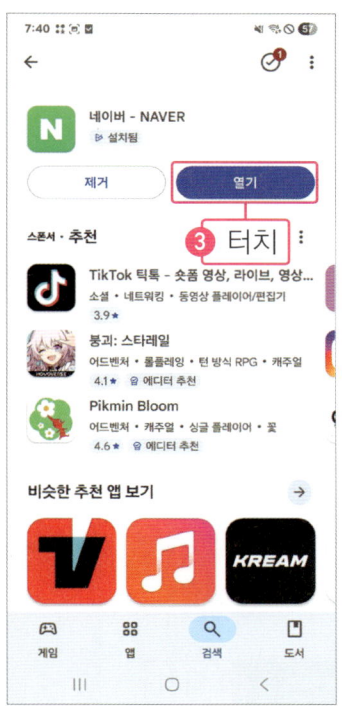

▶ 네이버 회원 가입하기

01 화면에 NAVER 알림 안내 창이 나타나면 [허용 안함]을 터치합니다. 이어서 네이버 소개 화면이 나타나면 하단의 [네이버 시작하기] 버튼을 터치합니다.

 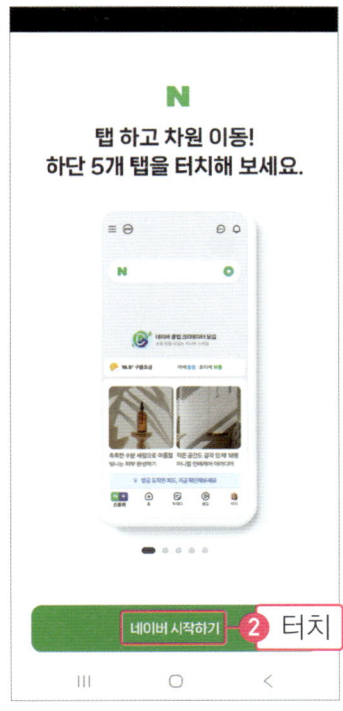

02 시작하기 전에 화면이 나타나고 한 번 더 [네이버 시작하기] 버튼을 터치합니다. 위치 정보 허용 창이 뜨면 [앱 사용 중에만 허용]을 터치합니다. 간편 로그인 화면에서는 [나중에 할게요]를 터치합니다. 네이버 홈 화면이 나타납니다.

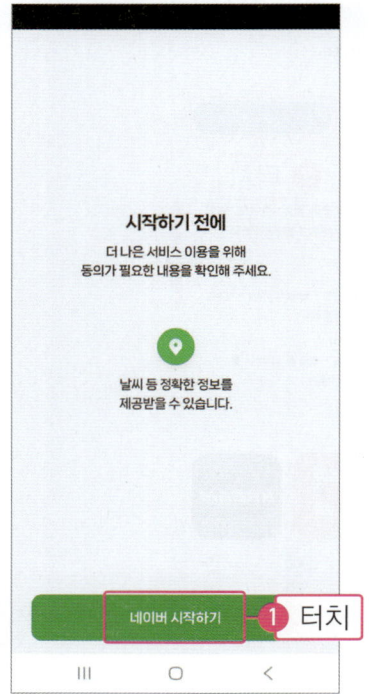

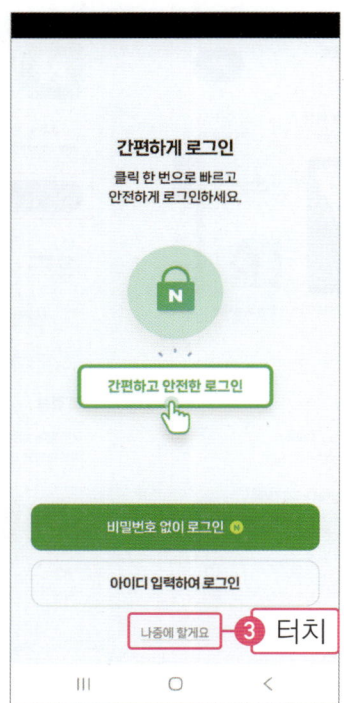

03 네이버 홈 화면 상단의 ☰를 터치합니다. 바로가기 화면의 [로그인하세요]를 터치합니다.

04 로그인 화면이 나타나고 [찾기·가입]을 터치한 후 [회원가입 하기]를 터치합니다.

05 이용약관과 개인정보 수집 및 이용에 대한 안내를 확인한 후 선택하고 [다음] 버튼을 터치합니다. 회원가입 화면에서 원하는 아이디와 비밀번호, 기본 정보를 입력합니다.

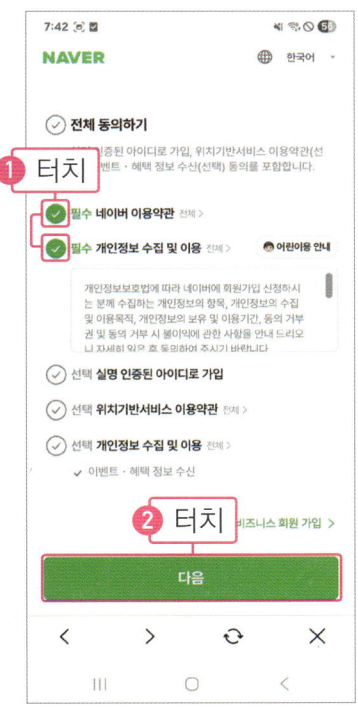

06 전화번호를 입력하고 [인증요청] 버튼을 터치합니다. 전송된 인증번호를 입력하고 [가입하기] 버튼을 터치합니다.

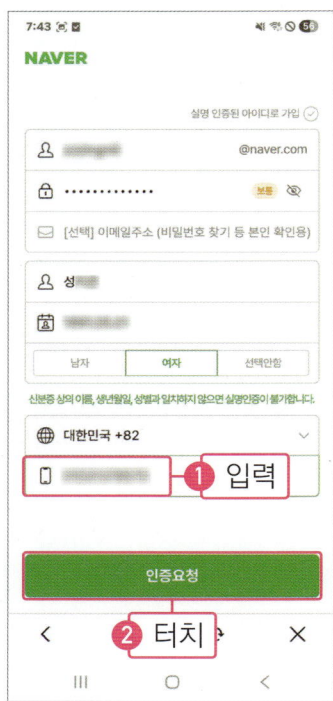 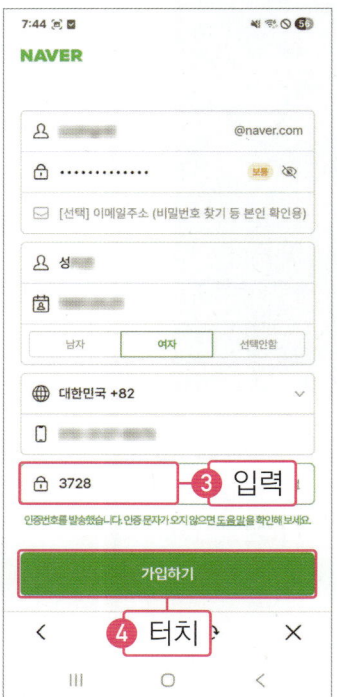

07 회원가입이 완료되었습니다. [시작하기] 버튼을 터치합니다.

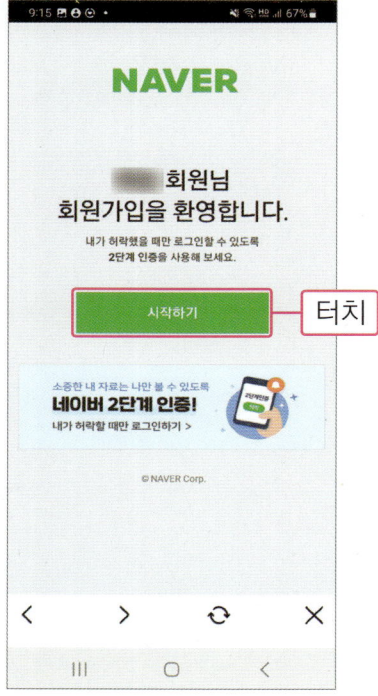

 **유튜브 앱 활용하기**

▶ 유튜브 앱에서 동영상 보기

01 홈 화면의 구글 폴더를 터치한 후 [YouTube(▶)] 앱을 터치합니다.

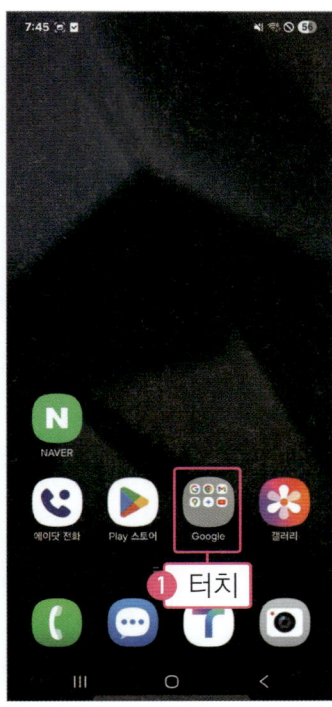

02 유튜브 홈 화면이 나타나면 상단의 🔍을 터치합니다.

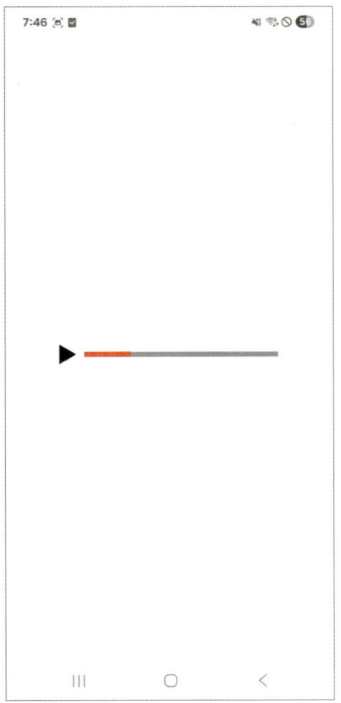

03 검색란에 'KBS 뉴스'라고 입력하고 🔍을 터치합니다. 'KBS News의 최신 동영상'을 터치합니다.

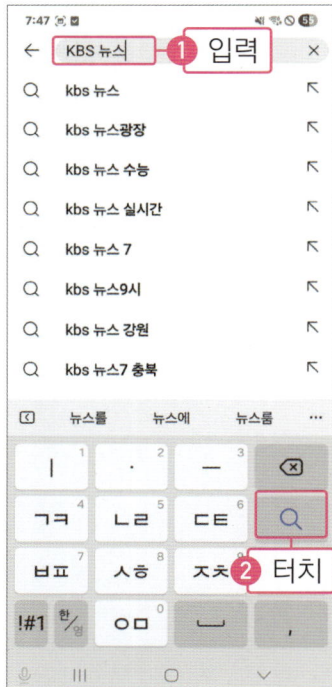

04 재생 화면이 나타나면 광고가 있는 경우 [건너뛰기]를 터치하고 광고가 없을 땐 동영상 화면 우측의 ▢를 터치한 후 스마트폰을 가로로 돌려 **전체 화면으로 시청**합니다.

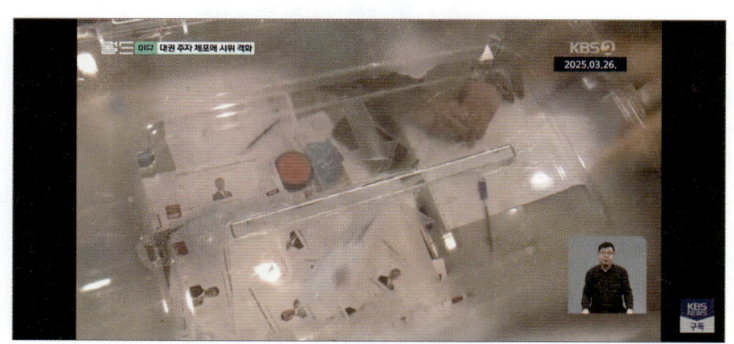

▶ 유튜브 채널 구독하기

01 유튜브 홈 화면에서 🔍을 **터치**하고 검색란에 '**KBS 예능**'을 **입력**하고 🔍을 **터치**합니다.

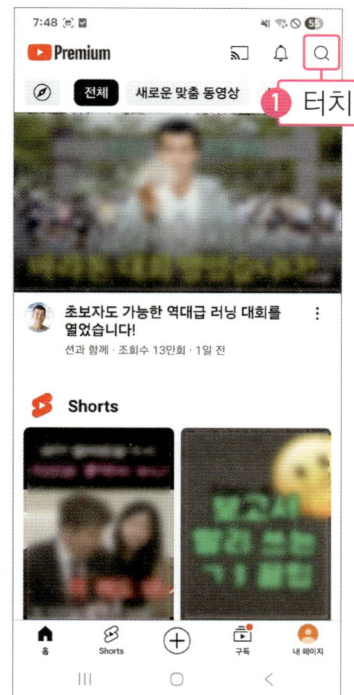
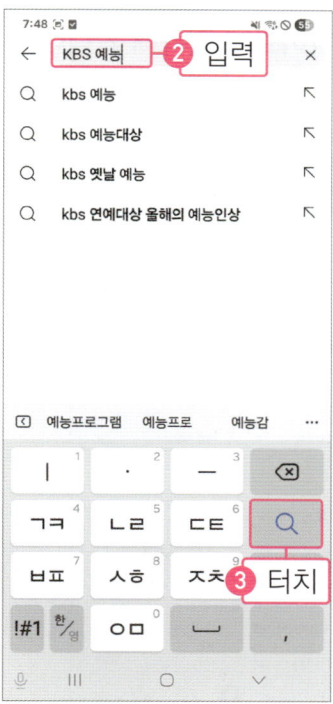

02 검색 결과가 올바른지 확인한 후 **채널명**을 **터치**합니다. 'KBS Entertain' 채널의 홈 화면
이 나타나면 채널명 아래 [**구독**] 버튼을 **터치**합니다. 구독이 완료됩니다.

01 네이버에서 '정부24'를 검색하고 웹 사이트에 접속해 봅니다.

02 유튜브에서 'KBS 다큐' 관련 영상을 찾아본 후 시청해 봅니다.

 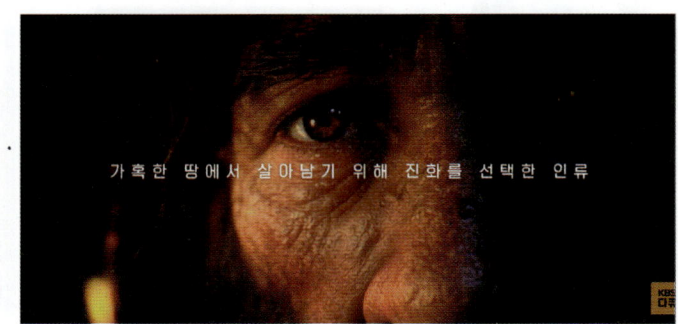

MEMO

할 수 있다!

스마트폰 기초

개 정 2 판 1 쇄	2025년 12월 15일
초 판 발 행	2023년 12월 15일
발 행 인	박영일
책 임 편 집	이해욱
저 자	이재훈 • IT 교재연구팀
편 집 진 행	성지은
표 지 디 자 인	김도연
편 집 디 자 인	신해니
발 행 처	시대인
공 급 처	(주)시대고시기획
출 판 등 록	제 10–1521호
주 소	서울시 마포구 큰우물로 75 [도화동 538 성지 B/D] 9F
전 화	1600–3600
팩 스	02-701-8823
홈 페 이 지	www.edusd.co.kr

I S B N	979-11-434-0505-0(13000)
정 가	12,000원